A'dan Z'ye
ÇOCUK İSİMLERİ

BİLGE

ISBN: 975-9139-09-X

Bilge Yayınları : 103
Pratik Hayat Dizisi: 19

Yayın Yönetmeni
M. Necati Bayrak

Yayın Danışmanı
Adem Kandemir

Baskı Yeri ve Tarihi : İstanbul, 2005
Yayına Hazırlık : Bilge Yayıncılık Eğitim Hizmetleri
İç Düzen : Sevda Yanık
Kapak Tasarımı : Yasemin Yentur
Baskı ve Cilt : Bilge Matbaacılık
Yılanlı Ayazma Sokak No: 8
Örme İş Merkezi Kat: 1
(Kale İş Merkezi Karşısı)
Davutpaşa, Zeytinburnu-İstanbul

BİLGE YAYINCILIK, EĞİTİM, SAĞLIK HİZMETLERİ ve TİCARET A.Ş.
Yılanlı Ayazma Sokak No: 8 Örme İş Merkezi Kat: 1 (Kale İş Merkezi Karşısı) Davutpaşa,
34010 Zeytinburnu-İstanbul
Tel: 0 212 483 15 16 Fax: 0 212 483 30 55
http://www.bilgeyayinlari.com
bilge@bilgeyayinlari.com

Hazırlayan: Esranur Bayrak

A'dan Z'ye ÇOCUK İSİMLERİ

Esranur BAYRAK

Güzel, bir Kurban bayramı arefesi geceyarısı sularında, Türkiye'nin en güzel şehirlerinden İstanbul'un Eminönü ilçesinde dünyaya geldi. Çok güzel bir çocukluk geçirdi. İlkokulda birkaç kez okul değiştirmesine rağmen başarılı bir öğrenciydi. 12 yaşında ileri düzeyde İngilizce bilgisine sahip oldu. Okuduğu eğitim kurumunun bursunu kazandı. Aynı okulda öğrenimine devam etti ve liseyi üçüncülükle bitirdi. İstanbul Üniversitesi İşletme Fakültesi İngilizce İşletme Bölümü'nü kazandı.

Bir yandan eğitimini devam ettirirken bir yandan da insanlığa faydalı olmak adına bazı çalışmalar yapmaya çalışıyor. Babasının yayıncı olmasının da etkisiyle çocukluğundan beri kitaplarla büyüdü. Yaz tatillerinde yayınevine giderek çeşitli departmanlarda çalıştı. Özellikle üretim bölümünde kitap tashihi ve redaksiyonu yaptı, kitaplar için raporlar hazırladı. Pek çok hedefi vardı. Kişisel çalışmalarına bir kitap hazırlayarak başlamak istedi. İlk adımını, Çocuk İsimleri Rehberini hazırlamakla attı. Çocuklara isim verme konusunun öneminin farkındaydı ve bu farkındalığı insanlarla da paylaşmak istedi. Çok sevdiği kardeşleri Fatımatüzzehra, Feyzanur ve Muhammed Enes'in destek ve yardımlarıyla bu çalışmayı tamamladı. Ve çok sevdiği annesinin maddî ve manevî katkılarıyla...

Ebeveynlerin, çocuklarının geleceğini düşünerek, isimlerin anlamlarını bilerek onlara isim vermeleri gerektiğine inanıyor.

İsmin insanın karakterini, ahlakını etkilediğini ve ahirette isimlerimizle çağrılacağımızı bilmek gerektiğini düşünüyor. Herkese güzel isimleriyle, hayırlı ömürler geçirmeyi diliyor.

Sunuş

Yumuk yumuk eller, pırıl pırıl gözler, pembe yanaklar, gonca dudaklar, tatlı tebessümler, neşe saçan gülücükler... Çocuk... Yeryüzünün en saf, en temiz varlığı. O daha doğmadan ya da doğar doğmaz tatlı bir telâş alır anne-babaları. Özellikle bir isim bulma telâşı onları epeyce yorar. Ona hangi adı verecekler? "Acaba kız mı olacak, erkek mi?" derken sıralanır.

İsimler: Bir tarafta Gülşah, Gülderen, Gülten, Güldalı; bir tarafta Ahmet, Mehmet, Ali, Ömer... İsmin biri gelir, biri gider... Anne-babalar için artık en güzel kelime, yavrularına koyacakları isimdir. Girerler zevkli bir uğraşının içine. Sağa sola durmaksızın koştururular. Kimi zaman da otururlar bir sözlük başına... Bulup buluştururlar, konuşup tartışırlar... Akşam sabah işleri bu olur. İsteseler de vazgeçemezler bu işten. Anne-babalar bu konuda da son derece titiz davranırlar. Acaba hangi isim daha güzel? Hangisi daha uygun? Hangisi daha anlamlı? Hemen bütün adları elekten geçirirler, kendilerine göre en hoş ismi bulmaya çalışırlar. N. Sami Banarlı'nın dediği gibi, "Bu kelimelerde hayatlarının ve aşklarının bütün mânâsı, zevklerinin ve gönüllerinin bütün incelikleri vardır." Aslına bakılırsa çocuğa isim bulma işi o kadar da kolay değildir. Öteden beri bir dizi sorunu da beraberinde getirmiştir. Çünkü doğum telaşı ve heyecanıyla anne-babalar istedikleri, akıllarına yatan bir isme ulaşamazlar. Bu güçlüğü aşacak imkânı da bulamazlar. Dolayısıyla bir sıkıntı içine düşerler. Gönül rahatlığı içinde bir isim bulamamanın üzüntüsünü yaşarlar. Elinizdeki bu kitapçık, işte bu sıkıntıyı aşmak, anne-baba adaylarına yardımcı olmak, ad bulma konusunda onlara bir ışık tutmak amacıyla hazırlandı. Nurtopu yavrularına bir isim bulma konusunda bir nebze olsun yardımcı olabilirsek ne mutlu bize...

erkek isimleri

A

ABBAS (A) : Arslan, gazanfer. (Resul-i Ekrem'in (a.s.) amcalarındandır ve Mekke'nin fethinde müslüman olmuştur.)

ABDİ (A) : Muti, itaat ve kullukla ilgili.

ABDÜLAZİZ (A) : İzzet, kudret, şeref sahibi, yenilmez, galib. -Allah'ın kulu- 32. Osmanlı padişahının ismi

ABDÜLHAMİD (A): Övülmeye layık, tek hamd olunan Allah'ın kulu, 34. Osmanlı padişahının ismi.

ABDÜLKADİR (A) : Allah'ın kulu.

ABDÜLKERİM (A) : İhsan, inayet ve kerem sahibi. Sonsuz cömert olan Allah'ın kulu.

ABDULLAH (A) : Allah'ın kulu. Bu isim Resul-ü Ekrem'in (a.s.) mübarek ve şerefli isimlerindendir. Çünkü, Allah'a itaat ve ibadette, kulluk yapmada devamlı ve en ileride olup hayatı boyunca Cenab-ı Hakk'a maddi-manevi itaatten ayrılmamıştır. Hem muhterem babasının adı da Abdullah'tır.

ABDÜLLATİF (A) : Güzel, latif, hoş, her şeyin inceliğini bilen Allah'ın kulu.

ABDÜLMECİT (A): Şerefli, azametli, onurlu, şanı yüksek Allah'ın kulu.

ABDÜLMELİK (A) : Kâinatın tek sahibi ve maliki olan Allah'ın kulu.

ABDÜRRAHİM (A) : Rahmet, muhafaza, merhamet eden, mazlumun hakkını zalimden alan Allah'ın kulu.

ABDURRAHMAN (A): Yarattıklarının rızkını veren, sonsuz nimetler veren Allah'ın kulu Peygamberimiz'in cennetle müjdelediği Hz. Osman'ın halife seçilmesine yardımda bulunan sahabe.

ABDÜSSAMED (A) : Hiçbir şeye, hiç kimseye ihtiyacı olmayan, her şeyin kendisine ihtiyacı olan Allah'ın kulu.

ABİDİN (A) : Çok ibadet edenler, imanlı, inançlı insanlar.

ABUZER (F, A) : Altın suyu gibi parlak ve görkemli.

ADEM (A, İBR.) : İnsan. İlk insan ve ilk peygamber.

ADİL (A) : Adalet eden. Allah'ın emirlerini noksansız uygulayan. Doğru, doğruluk gösteren. Adalet sahibi.

ADNAN (A) : Cennetin yüksek mevkilerine verilen ad. Yerleşmek, yurt edinmek.i

AFFAN (A) : Kötü şeylerden kaçınan, kötülüklerden uzaklaşan, temiz.

AFİF (A) : Temiz, güzel, nezih. İffetli ve namuslu olan. Haramdan sakınan. Müstakim.

AFŞİN : Tuğrul bey ve Alparslan döneminde Anadolu'nun ele geçirilmesinde yardımı olan ünlü Türk komutanı. Savaşlarda kullanılan giysi, kargı.

AHMED (A) : Daha çok hamdeden. Çok övülmeye ve methedilmeye layık. Çok sevilen. Beğenilmiş. Hz. Peygamber'in (a.s.) bir ismi.

AKIN : Düşman ülkelerine yapılan saldırı.

AKİF (A) : Devamlı ibadetle meşgul olan. Bir şeyde sebat eden. Teveccüh. Yönelme.

ALAADDİN (A) : Din büyüğü, dini yükseltmeye çalışan kişi.

ALİ (A) : Üstün. Yüce. Çok büyük. Meşhur. Soylu.

ALİCAN (A, F) : Cana yakın, sıcak kanlı.

ALİM (A) : Bilgili okumuş, sonsuz ilmi olan kişi.

ALİŞAN (A)	: Şan ve şerefli. Lale cinsi.
ALP (T)	: Kahraman, güçlü, pehlivan.
ALPASLAN (T)	: Aslan gibi güçlü, cesur kahraman.
ALPAY (T)	: Yiğit kimse.
ALPER (T)	: Cesur erkek, kahraman asker.
ALPEREN (T)	: Manevi mertebesi yüksek kişi.
ALTAN (T)	: Alt eden, yenen.
ALTAY (T)	: Altın dağ.
ARDA	: Sonra gelen, öndekinden sonra, yere dikilen nişan değneği, Arda çayı. Uygur yazıtlarında da ad olarak geçer.
ARDIÇ	: Güzel kokulu, yapraklarını kışında dökmeyen bir ağaç.
ARİF (A)	: Bilen. Bilgide ileri olan. Aşina. Vâkıf. Hakkı, hakkı ile bilen. Sabırlı ve müte hammil. Çok düşünmeye ihtiyaç kalmaksızın tekellüfsüz gördüğünü bilen ve anlayan. Zeki ve vicdan, irfan sahibi olan.
ARSLAN (T)	: Güçlü yırtıcı hayvan, hayvanlar kralı.
ASIM (A)	: Kendisini günahlardan men edip pak, ismetli tutan, koruyan. Men eden.
ATAKAN (T)	: Atılgan, korkusuz kimse. Soylu atına benzeyen.

ATIF (A) : Yüzünü çeviren. Bakan, meyl eden, yönelen. Şefkat eden kimse. Merhametli, müşfik. Yarış atlarının altıncısı.

ATİLLA (T) : Hun imparatoru. Savaşçı, cenkçi. Ünlü kişi.

AVNİ (A) : Yardıma ait, yardıma dair.

AYDIN (T) : Işıklı, nurlu, parlak. Aylı gece. Kültürlü, okumuş.

AYHAN (T) : Ay yüzlü han.

AYKUT (T) : Ödül, armağan, müfâkat. Mübarek, kutlu.

AZİM (A) : Büyük, yüce, çok.

AZİZ (A) : İzzetli, sevgili, dost, ermiş, manevi kudret ve kuvvet sahibi. Mağlup edilmesi mümkün olmayan ve daima galip olan manasında Cenab-ı Hakk'ın bir ismidir.

AZMİ (A) : Kemikli, kemikten yapılmış.

B

BAHA (A) : Güzellik, zariflik. Ziynet. İzzet. Bir şeye alışıp ünsiyet etmek.

BAHADIR (A) : Kahraman, cesur, yiğit, dilaver.

BAHRİ (A) : Denize ait, denize mensup, denizle alâkalı.

BAHTİYAR (A) : Bahtlı, talihli, mesut, mutlu, şanslı.

BÂKÎ (A) : Ölümsüz, sonsuz, devamlı, ebedi olan Allah'ın adlarından. Divan edebiyatı şairi.

BARBAROS (İTL) : Kırmızı sakal. Ünlü Türk denizcisi.

BARIŞ (T) : Sulh. Savaşa son verme. Dost olma.

BASRİ (A) : Basralı.

BATUHAN (T) : Yiğit han, üstün gelen han, batı hanı.

BAYEZİT (A) : Çeşitli zamanlarda yaşamış Osmanlı şehzadelerinin genel adı.

BAYHAN (T) : Zengin, cömert, güçlü hükümdar.

BAYRAM : Bir dinde mübarek sayılan gün.

BEDİR (A) : Dolunay. Ayın en parlak olduğu hali.
Medine-i Münevvere arasında bir yer ismi.
Bir şeyin tamam olması. Dolu şey. İyi hizmet eden köle.

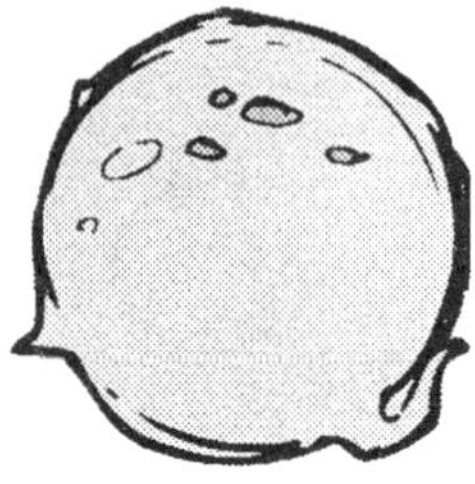

BEDİRHAN (F)	: İleri görüşlü, kültürlü hükümdar.
BEDREDDİN (A)	: Dinin aydınlığı, nuru, ay gibi parlaklığı.
BEDRİ (A)	: Dolunay gibi aydınlık ve nurlu.
BEHCET (A)	: Sevinç, güleryüzlülük, güzellik, şirinlik.
BEHLÜL (A)	: Çok gülen, çok gülücü. Hayır sahibi, çok iyi adam. Harun-r Reşid'in kardeşinin adı olup meczubâne ve hikmetli hareketleriyle meşhur olmuştur.
BEHNAN (A)	: Güleç, güler yüzlü, iyi huylu ve daima gülen adam.
BEHRAM (A)	: Eski bir İran padişahının adı. Bir pehlivan ismi. Merih yıldızı.
BEHSAD (F)	: Soyu, temiz, iyi ve güzel.
BEKİR (A)	: İlk evlat, ilk doğan çocuk. Deve yavrusu. Peygamber Efendimiz'in (a.s.) kayın babası. İlk halife.
BERA (A)	: Fazilet, seçkin olma vasfı, olgunluk.
BERAT (A)	: Nişan, rütbe, ferman.
BERK (T)	: Sert, sağlam, güçlü. Şimşek ve yıldırım gibi.
BERKAN (A)	: Parıldama. Volkan. Tüyü kıvırcık olan kuzu postu veya kürkü.
BERKAND (T)	: Bozulmaz, sağlam yemin.
BERKAY (T)	: Işığı fazla ay, dolunay.
BERKE (T)	: Eser. İz, belde. Kamçı. Hançer.
BERKEHAN (T)	: Altınordu hükümdarlarının beşincisi.

BERŞAN (A) : Ümmet. Bir peygamberin tebliğ ettiği dine ve kitaba iman eden cemaat.

BEŞİR (A) : Müjdeli haber veren, müjde getiren. Güler yüzlü. Peygamberimiz Hz. Muhammed'in (a.s.) bir vasfı.

BEYTULLAH (A) : Allah'ın evi, Kâbe.

BİLAL (AR) : Su gibi ıslatan, ıslatış, ıslaklık. İslamın ilk müezzini, Habeş asıllı olup İslamı köle olarak ilk kabul edenlerden birisidir.

BİROL (T) : Tek ad.

BORA (A) : Birdenbire çıkan fırtına. Pek şiddetli rüzgâr.

BUĞRA : Erkek deve.

BULUT (T) : Su buharlarının yoğunlaş masıyla meydana gelen ve gökyüzünde farklı yükseklikte bulunan kütle.

BURAK (A) : Binek. Cennete mahsus bir binek vasıtası.

BURHAN (A) : Delil, belge. İlahi ışık. Doğru yolu gösteren.

BURKAN (A) : Yanardağ, volkan.

BÜLENT (A) : Yüksek, yüce.

BÜNYAMİN (A) : Yakup Aleyhisselam'ın en küçük oğlu.

BÜRKE (A) : Martı. Kurbağa. Havuz. Küçük göl.

C

CABBAR (A) : Güçlü, zorlayıcı, becerikli, marifetli. İnatçı, zorba, acımasız.

CABİR (A) : Cebredici, zorla yaptıran, galip gelen. Şefkatsiz, merhametsiz. Cebir ilminin ilk kurucusu olan müslüman âlimi.

CAFER (A) : Küçük akarsu, çay. Kolları kesilerek şehid edilen, Peygamberimiz'in (a.s.) amca oğlu. Hz. Ali'nin kardeşi.

CAHİD (A) : Gayretli, çalışan. Çalışkan olan. Cihad eden. Çabalayan.

CAN (A) : İnsanın varlığı, ruh, güç, hayat. Cana yakın. Sevimli.

CANDAR (T) : Canlı. Diri. Hareketli. Koruyucu. Silahlı kişi.

CANER : Yürekten sevilmeye layık arkadaş.

CAVİD (F) : Sopu olmayan, sonsuz, daimi.

CEBRAİL (A) : Peygamber'e (a.s.) Allah'tan vahiy getiren elçi.

CELAL (A) : Nihayet derecede büyüklük, azamet, hiddetlik, hışım.

CELALEDDİN (A) : Dini savunan, dinin övdüğü.

CELİL (A) : Celalet ve celadet sahibi. Azim, mertebesi yüksek. Allah'ın adlarından.

CEM (A)	: Hükümdar, melik, şah. Fatih Sultan Mehmet'in oğlunun adıdır.
CEMAL (A)	: Yüz güzelliği. Fertteki güzellik.
CEMALETTİN (A)	: Dinin nuru, dinin güzel yüzü.
CEMİL (A)	: Güzel. Cenab-ı Hakk'ın isimlerinden biri.
CEMRE (A)	: Şiddetli karanlık. Ateşli kömür parçası, kor. İlkbaharda suya, yere ve havaya indiği söylenen sıcaklık. Hacıların Mine vadisinde şeytan taşlamaları.
CENGİZ (A)	: Yılmaz, güçlü. Moğol Devleti'nin hükümdarı.
CENK (A)	: Harp, muharebe, kavga, savaş.
CESUR (A)	: Er, cesaretli, yürekli, yiğit, gözü pek, atılgan.
CEVAD (A)	: Çok çok ihsan eden. Çok cömert.
CEVDET (A)	: İyilik, güzellik. Kusursuzluk. Cömertlik. Susuz olma. Başkasının işini güzel ve kusursuz olarak yapan kimse.
CEYHAN (T)	: Çukurova'da bir nehir. Su gibi akan, mutlu eden. Akdeniz'e dökülen bir nehir.
CEYHUN (T)	: Orta Asya'da Amuderya ırmağı. Tevra'ta göre cennetteki dört ırmaktan biridir.
CEZMİ (A)	: Azimli, kesin kararlı.
CİHAD (A)	: Allah yolunda savaşan.
CİHAN (A, F)	: Dünya, kâinat, âlem.

CİHANGİR (F)	: Dünyaya egemen olan, dünyayı zapt eden kimse. Fatih, Osmanlı şehzadelerinin ortak adı.
CİHAT (A)	: Cihetler, taraflar, yönler.
COŞKUN (T)	: Coşmuş, heyecanlanmış, çok hareketli, çok duyarlı, galeyana gelmiş.
CUMALİ (T)	: Cuma günü doğan.
CUMHUR (A)	: Halk topluluğu, heyet.
CÜNEYT (A)	: Küçük asker, genç savaşçı.

Ç

ÇAĞATAY (A) : Cengiz Han'ın oğlu Çağatay Han'ın ismine nisbetle Maveraünnehir taraflarında oturan doğu Türklerine ve edebî lisan olarak kullandıkları doğu Türkçesine verilen isimdir.

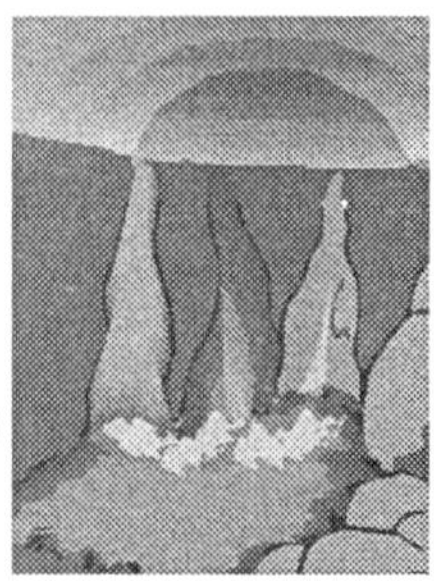

ÇAĞLAR (T) : Çağlayan, şelale.

ÇAĞRI (T) : Bildiri, hitap. Çakır gözlü, seslenme.
Doğan kuşu. Selçuk Bey'in torunu, Mikail Bey'in oğlu. Selçuklu komutanı Alparslanın babasıdır.

ÇELİK (T) : Su verilerek dayanıklılığı artırılmış demir.

ÇETİN (A) : Sert. İnatçı, dik başlı. Zor. Güç.

D

DAVUD (A) : Sesinin güzelliğiyle ünlü peygamber.
DEHA (A) : Olağanüstü zekâ. Zekiliğin ve anlayışlılığın son derecesi.
DEMİRCAN : Demir gibi güçlü, sağlam ve sağlıklı.
DERCAN (A) : Can içinde.
DERDA (A) : Yazık! Vah vah.
DERMAN (F) : İlaç, çare, güç.
DERVİŞ (A, F) : Alçakgönüllü, kanaatkâr. Fakir. Tarikat mensubu.
DERYAN (A) : Bilmek, ilim.
DESTAN : Önemli tarihî olayların, mitoloji ile tarihin birbirine karıştırılarak dile getirildiği edebiyat türü.
DEVRAN (F) : Felek, devir.
DEVRİM : Köklü değişiklik, inkılap.
DİLAVER (A) : Yiğit. Cesaretli. Yürekli. Gönül alıcı.
DİNÇER : Güçlü, er, güçlü kimse.
DOĞAN (T) : Uzun kanatlı, hızlı uçan, yırtıcı, avcı kuş. Cesur. Yırtıcı. Gözü pek, atılgan. Oğuzhan'ın torunların dan birinin adı.

DOĞUKAN : Doğulu kanı taşıyan.
DOĞUŞ (T) : Dünyaya geliş, yaratılış, halk ağzı; güreş.
DURSUN (T) : Çocukları yaşamayanların doğan çocuklarına verdikleri isim.
DÜNDAR (F) : Eski Fars hükümdarı, arkayı gözeten asker.

E

EBRAR (A) : Özü, sözü doğru olanlar, hamiyetliler. Sadıklar. İyiler.

ECMEL (A) : En yakışıklı. En güzel, çok güzel.

EDİB (A) : Edebli, terbiyeli. Edebiyatçı.

EDİZ (T) : Ulu, değerli, yüksek yer. Dağların tepesi. Doruk.

ETKA (A) : Allah korkusu ile günahtan çok fazla çekinen. Haram veya helal olduğunu iyice bilmediği şüpheli şeyleri yapmayan. Günah işlemeyen, her şeyde Cenab-ı Allah'ın rızasını gaye edinen.

EFDAL (A) : Faziletli, üstün, erdemli. Selahattin Eyyubi'nin oğlunun adı.

EFE (T) : Ağabey, kabadayı, zeybek, yiğit, kahraman.

EGE : Yaşça büyük, Batı Anadolu'da deniz.

EGEMEN : Hakim, üstün irade, otoriteyi elinde tutan.

EKMEL : Pek kamil, mükemmel ve kusursuz olan.

EKREM (A) : Çok cömert. Kerem sahibi.

EMİN (A) : Korkusuz kimse. Emanet olarak verilen. Güvenilir, emniyetli. İtimatlı.

EMİR (A) : Buyruk, komut. Yapılması veya yapılmaması gereken hususların amir tarafından yazılı veya sözlü bildirilmesi.

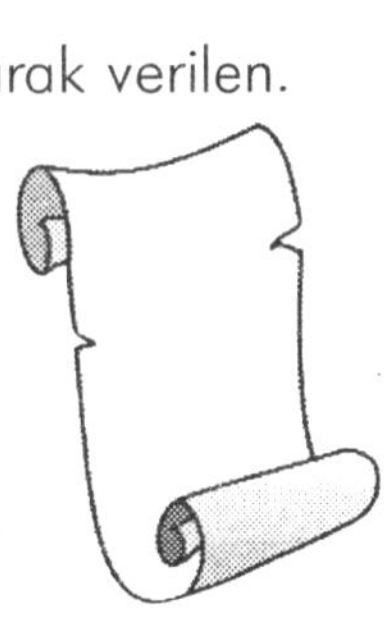

EMRAH (T) : Anadolu'nun Erzurum ve Erciş yöresindeki şairlerinin adı. Hak aşığı.

EMRE (A) : Beyaz gözlü. Vurgun, aşık, şair. Hak âşığı.

EMREM : Dostum, arkadaşım.

EMRULLAH (A) : Allah'ın emirleri, Allah'ın yarattığı kâinat, Allah'ın işi.

ENDER (A) : Çok az, nadir bulunan.

ENES (A) : İnsan, yumuşak huylu, cana yakın kişi. (Enes bin Malik: Peygamberimiz'den (a.s.) hadis nakleden, ona 10 sene hizmet eden sahabe.)

ENGİN (T) : Değer ve fiyatı düşük olan, açık deniz. Alçak ve çukur yer. Çok zengin. Denizin kara sularından ötesi.

ENİS (A) : Dost, arkadaş, yâr, sevgili. Alışılmış, cana yakın kişi.

ENSAR (A) : Mekkeli muhacirlere hicret ettiklerinde yardım eden Medineli müslümanlar.

ENVAR (A) : En nurlu, daha parlak.

ERCAN (T, F) : Canlı, yiğit, sağlıklı erkek. Fars diyarında bir yerin adı.

ERCÜMENT (A) : Muhterem, şerefli, itibarlı.

ERAY : Ay gibi yiğit.

ERDAL (T) : Ağacın en sağlam dalı. Erken yeşeren dal, en kalın dal. İlk doğan erkek çocuk adı.

ERDEM (A, T)	: Usta gemici. Fazilet. İnsanların ruhsal durumu. İnsanları üstün yapan manevi duyguların tümü.
ERDİNÇ	: Dinç, yiğit.
ERDOĞAN (T)	: Yiğit doğan, erken doğan erkek çocuğuna verilen ad.
EREN (A, T)	: Yetişen ermiş, veli. Sevinmek.
ERGİN (T)	: Olgun, kâmil, aklı başında. Reşit.
ERGÜN (F)	: Erken doğan güneş. Yumuşak, uysal. Halk ağzı: Sert başlı, hızlı at, sulu kar.
ERHAN (T)	: İyi adaletli hükümdar.
ERKAM (A)	: Rakamlar, yazılar.
ERKAN (T)	: Yiğit, soylu, mert.
ERKİN	: İstediği gibi davranabilen, özgür.
ERKUT (T)	: Güçlü, dayanıklı erkek, kutlu insan.
ERMAN (A)	: Arzu, istek, talep. Pişman olmak, pişmanlık.
EROL (T)	: Dürüstlük ve yiğitlikten dönmeyen. Sözünde duran.
ERSUN	: Yiğitliğini göstermek.
ERTAN (T)	: İlk tan ağarması, bir nevi ağaç.
ERTUĞRUL (T)	: Yırtıcı kuşa benzeyen erkek. Temiz yürekli, doğru erkek. Osman Gazi'nin babasının adı.
ESAD (A)	: Çok mutlu, hayırlı ve uğurlu. Bir sahabi adı.
EŞREF (A)	: En şerefli, daha şerefli. En iyi, en güzel.
ETHEM (A)	: Kara yağız at. Güçlü ve yürekli er.

EVREN (T) : Kâinat, dünya, uzay, feza, cihan.

EVRİM : Gelişme, değişme.

EYYUB (A) : Sabırlı, günahlarına tövbe eden. Dönen. Kur'an'da adı geçen, sabır timsali peygamberin adı.

EZEL (A) : Başlangıcı olmayan, geçmiş zaman.

F

FADIL (A)	: Fazilet sahibi, üstün kimse.
FAHREDDİN (A)	: Dinin büyüğü, ulu kişisi.
FAHRİ (A)	: Karşılık beklemeden yapılan iş. Onurlu, şerefli, faziletli, erdemli.
FAİK (A)	: Diğerlerinden daha değerli ve üstün. Manevi değeri yüksek olan.
FARUK (A)	: Hak ile batılı birbirinden ayıran. 2. Halife Hz. Ömer'in lakabıdır.
FATİH (A)	: Fetheden, alan. Hüküm veren, açan. Allah'ın sıfatlarındandır.
FAZIL (A)	: Fazilet sahibi, üstün kimse.
FAZLI	: Değer, üstünlük, iyilik, lütuf. İlim ve irfan sahibi.
FEHMİ (A)	: Anlayışlı, çabuk kavrayan.
FERDA (A)	: Yarın, istikbâl.
FERDİ (A)	: Ferde has. Kişiye mensup, özel, şahsî.
FERHAN (A)	: Sevinçli, şen, neşeli.
FERHAT (A)	: Rahatlık, sevinç. Destanda Şirin'in âşığı.
FERİDUN (A)	: 8. gök, kıymetli cevher, eşi benzeri olmayan, tek olan.
FERİT (A)	: Benzeri bulunmayan, yekta.
FETHİ (A)	: Fetheden, gönül alan, ferahlık verici, fetih ile ilgili.

FETHULLAH (A) : Allah'ın fetih görevi verdiği kişi.

FEVZİ (A) : Zafere, kurtuluşa, fevze ait.

FEYYAZ (A) : Çok feyiz veren, bolluk, bereket veren Allah'ın adlarından biri.

FEYZULLAH (A) : Allah'ın bereketi, bolluğu, ihsanı, ilim verdiği kişi.

FIRAT (A) : Tatlı su. Türkiye'nin en büyük nehri.

FİKRET (A) : Düşünme, niyet etme, fikretme.

FİKRİ (A) : Fikir ve düşünce ile ilgili, düşünmeden karar vermeyen.

FUAT (A) : Gönül. Yürek, kalp.

FURKAN (A) : İyi ile kötüyü, doğru ile yanlışı fark edip ayıran, Kuran-ı Kerim. Kur'an-ı Kerim'in 25. suresi.

G

GAFFAR (A) : Günahları örten, günahları bağışlayıcı, affedici, Allah'ın isimlerinden biri.

GALİP (A) : Yenen, üstün gelen, daha kuvvetli.

GAZANFER (A) : İri aslan, cesur yürekli, yiğit adam.

GAZİ (A) : Gaza eden, savaşta yaralanan.

GIYASEDDİN (A) : Dinin yayılması için yardımı dokunan kişi.

GİRAY : Uygun, yaraşır, eski Kırım hanlarının unvanı.

GÖKALP (T) : Göklerin yiğidi, bahadır.

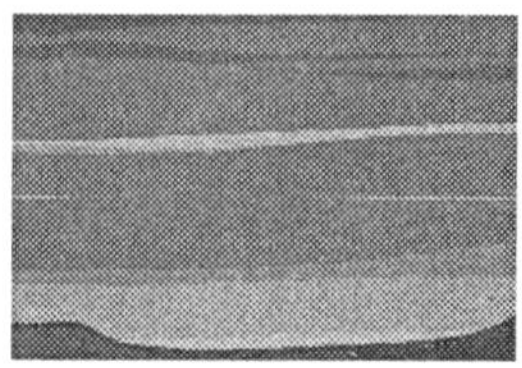

GÖKDENİZ (T) : Gök renkli deniz, mavi deniz.

GÖKHAN : Göklerin hanı, Oğuzhan'ın altı oğlundan dördüncüsü.

GÖKMEN (T) : Mavi gözlü, sarışın kimse.

GÖKSEL (T) : Semavi, gökle ilgili, gökteki ahenk.

GÖRKEM (T) : Gösteriş, görünüş, gürbüz, göz alıcı ve gösterişli olma hali.

GÜLTEKİN : Tek gül, biricik gül, gül şehzadesi.

GÜRHAN (T) : Güçlü kuvvetli han, hükümdar.

GÜRKAN (T) : Kanı bol, kahraman, yiğit kimse.

GÜRSOY (T) : Güçlü, sağlıklı, kuvvetli, kudretli soydan gelen.

H

HABİB (A) : Sevgili, dost, sevilen kişi.

HABİL (A) : Yiğit, Hz. Adem Peygamber'in iki oğlundan biri. Yeryüzünde ilk ölen ve öldürülen kişi. Kardeşi Kabil tarafından öldürülmüştür.

HADİ (A) : Hidayete eren, hidayet eden.

HAFIZ (A) : Saklayan, koruyan, ezberleyen, Kur'an'ı ezbere bilen.

HAKAN (T) : Eski Türk hükümdarlarına verilen unvan, kağan. Avarlar'dan Osmanlı'nın sonuna kadar kullanılmıştır.

HAKKI (A) : Doğruluk ve insaf sahibi.

HAKTAN (A) : Allah'tan gelen, Allah'ın verdiği.

HALAS (A) : Kurtuluş.

HALDUN (A) : Devam eden, süreklilik gösteren.

HALİD (A) : Sürekli, daimî, sonsuz.

HALİL (A) : Dost, sevgili, içten arkadaş.

HALİM (A) : Yumuşak huylu, sakin, sessiz. Allah'ın bir sıfatı.

HALİS (A) : Saf, hilesiz, temiz, katıksız, duru, berrak.

HALUK (A) : İyi huylu, güzel ahlaklı, uyumlu.

HAMDİ (A) : Hamdeden, şükreden. Allah'ı sevmek ve övmek.

HAMİ (A) : Koruyan, koruyucu, gözeten, sahip çıkan.

HAMİT (A) : Hamd edilen, övülmeye layık. Bütün varlığın kendi dilince övdüğü Allah'ın adlarındandır.

HAMZA (A) : Heybetli, azametli, arslan. Peygamberimiz'in (a.s.) Uhut'ta şehit olan amcası.

HANEFİ (A) : Hanefi mezhebine mensup olan kişi.

HARUN (A) : Musa Peygamberin kardeşi, Kur'an'da adı geçen bir peygamber.

HASAN (A) : Peygamberimizin torunu. Güzellik, iyilik, hoşluk.

HASBİ (A) : İsteyerek ve karşılık beklemeden yapılan.

HAŞİM (A) : Ezen, parçalayan, muhteşem, gösterişli.

HAŞMEDDİN (A) : Dinin büyüklüğü, yüceliği.

HAŞMET (A) : Büyüklük, heybetlilik, hiddetlenme, alçak gönüllülük, nezaket.

HATEM (A) : Mühür, imza, son.

HAYATİ (A) : Canlılık dirilik, büyük önem taşıyan.

HAYDAR (A) : Cesur, yiğit adam. Aslan esed. Hz. Ali'nin lâkabı.

HAYREDDİN (A) : Dinde hayırlı olan, mübarek insan.

HAYRİ (A) : Hayırla, iyilikle ilgili.

HAYRULLAH (A) : Allah'ın hayırlı kıldığı, yarattığı.

HIFZULLAH (A) : Allah'ın koruması ve saklaması.

HAZAR : Barış durumu. Kaplan türünden bir hayvan.

HIZIR (A) : Yeşil, yeşillik, hayat suyunu içen, İlyas Peygamber olduğu rivayet edilen kişi.

HİCABİ (A) : Utanan, mahcup olan, namuslu.

HİDAYET (A) : Müslüman olmak, hak yola, doğru yola gitmek, hakkı bulmak.

HİKMET (A) : Ahlâki söz, öğüt verici, hakimlik. En iyi ilmin bilinmesi. Eşyanın hakikatine vâkıf olmak.

HİLMİ (A) : Uysal, sakin, yumuşak huylu, sabırlı.

HULKİ (A) : İyi ahlaklı, iyi yaratılışlı.

HULUSİ (A) : Saf. Samimi, candan davranan.

HÜDAİ (A) : Hidayete ermiş.

HÜNKAR (F) : Uğurlu, sultan.

HÜSAMETTİN (A) : Dinin adaletli ve çok keskin kılıcı.

HÜSEYİN (A) : Hz. Muhammed' in (a.s.) torunu. Sevilen küçük çocuk.

HÜSNÜ (A) : Güzel, iyilik sahibi, cemal ve kemal sahibi, noksansız, tam.

HÜSREV (F) : Padişah, hükümdar, sultan.

İ

İBRAHİM (A) : İnsanların babası. Hz. İsmail'in babası. Hz. Adem'den sonra Kâbe'yi inşa eden, Harran'da Nemrut'un ateşe attığı ancak mucize olarak ateşin yakmadığı Hz. İbrahim peygamber.

İCMAL (A) : Toplama, özetleme. Cem etme.

İDRİS (A) : Meyvesi hoş kokulu, kerestesi güzel bir kiraz çeşidi. İlimde ileri, felsefede başta gelen, Kur'an-ı Kerim'de adı geçen, 360 yıl yaşadığı rivayet edilen, terzilerin piri olan peygamber.

İHSAN (A) : İyilikte bulunan, bağış yapan, güzel davranışta bulunan.

İKBAL (A) : Şanslılık, talihlilik, baht açıklılığı.

İLHAM (A) : Hükümdar.

İLHAMİ (A) : Allah'ın insanların kalbine verdikleri. Kalbine ilahi feyiz doğan. Sultan 3. Selim'in şiirlerinde kullandığı imza (mahlas).

İLHAN (T) : Memleketin hanı, hakanı. Türk-Moğol hükümdarlarının unvanı.

İLKAY (T) : Birinci ay. Ocak ayında doğan. Ayın ilk günlerinde doğan ikizlerden ilk doğan.

İLKER (T) : İlk doğan erkek çocuklara verilen ad.

İLTER (T) : Yurdunu, devletini seven ve koruyan.

İLYAS (İBR) : Kutsal güce ulaşmış, ölümsüzleşmiş. İlyas peygamber. Halk ağzı: Mersin ağacı.

İMRAN (A) : Evine bağlı kalan. Hz. Meryem'in babasının adı.

İRFAN (A) : Dinî gerçek ve biliş. Bilme, anlama, derinliğine varma. İlahi sırlar öğrenme.

İSA (A) : Allah'ın merhameti. İncil indirilen peygamber.

İSHAK (İBR) : Gülme. Bir kuş. Hz. İbrahim'in oğlu. Kur'an'da adı geçen peygamber.

İSKENDER (F) : Yunanca'da "insanları savunan" anlamına gelir. M.Ö. 356-323 yılları arasında yaşamış olan Yunanistan, İran, Suriye ve Hindistan'ı ele geçirmiş olan büyük kumandan.

İSLAM (A) : Teslim. Barış. Huzur. Allah'ın, peygam beri olan Hz. Muhammed'e (a.s.) gönderdiği en son din. İtaat. Allah'a teslim olmak. İnkıyat etmek.

İSMAH (A) : Cömert ve eli açık olma. İtaatli ve yumuşak huylu.

İSMAİL (A) : Allah'ın işi. Hz. İbrahim'in Allah'a kurban etmek istediği oğlunun adı.

İSMET (A) : Günahsızlık, masumluk. Günahlardan kaçınma melekesine sahip olmak, suçsuzluk, peygamberlik vasıflarına sahip olma.

İSRAFİL (A)	: Dört büyük melekten biri. Kıyamet kopacağı zaman "sur" denen aleti üfleyecek olan meleğin adı.
İSTEMİHAN (T)	: Göktürk devletinin kurucusu, Bumin Kağan'ın kardeşi olan Türk hakanının adı.
İŞCAN (T)	: Çalışmayı seven, işinde başarılı, çalışkan.
İYYAD (A)	: Hz. İsmail'in soyundan gelen. Sahabiden bu ismi kullananlar çok olmuştur.
İZEM (T)	: Büyüklük, ululuk.
İZZET (A)	: Bir kimsenin zelil iken kavi ve kudret sahibi olması. Ziyadelik ve üstünlük. Değer, kıymet. Kuvvet, muhterem ve muteber olmak. Bulunmaz derecede az olan şey.
İZZETTİN (A)	: Dinin kıymeti, ulviyet ve kudreti.

J

JERFBİN (F) : Dikkat sahibi, dikkatli.

JERFİ (F) : Derinlik.

K

KAAN (T) : Eski Türk hükümdarlarının unvanı.
İmparator, hakan.

KAB (A) : Topuk kemiği, ayak bileği
Şan, şeref, büyüklük.

KABİL (A) : Kabul eden, olabilir, istidatlı, önde ve ileride olan, Hz. Adem'in büyük oğlu, kardeşi Habil'i öldürerek ilk katil olan insanın adı.

KADEM (A) : Ayak, adım, metrenin üçte biri kadar olan uzunluk, uğur.

KADİR (A) : Muktedir. Kudreti mutlak olan ve her hususa muktedir olan. Nihayetsiz kudret sahibi.

KAFİ (A) : Kifayet veren. Vafi, başka şeye ihtiyaç bırakmayan. Yeten, yetişen, elveren.

KAHRAMAN (F) : Yiğit, cesur, bahadır. Fars mitolojisinde Rüstem'in yendiği kişi. İş buyuran, hüküm sahibi.

KAMİL : Bütün, tam, eksiksiz, kemale ermiş, olgun, yaşını başını almış, terbiyeli, görgülü, pişmiş kimse.
Peygamber Efendimiz'in (a.s.) sıfatıdır.
Bir aruz kalıbının ismi.

KÂMURAN (KAMRAN) : Arzusuna kavuşmuş, mutlu, bahtiyar.

KALENDER : Gösterişsiz, sade yaşamaktan yana olan, alçak gönüllü kimse. Ehli dil, rint.

KAMVER (F) : İsteğine kavuşmuş, gaye ve maksadına vasıl olmuş, mutlu. Bahtiyar.

KAMBER (A) : Sadık hizmetkâr, köle. Hz. Ali Efendimiz'in bu isimdeki kölesi nedeniyle bu anlamda kullanılmıştır.

KANİ (A) : Kanaat eden, kendisinde olan helale razı olup başkasının hiçbir şeyine göz dikmeyen. İnanmış. Tatmin olmuş.

KARTAL : Yırtıcı kuş. Güçlü, kuvvetli, yırtıcı gibi benzetmelerde kullanılır.

KARUN : Hz. Musa devrinde yaşamış, malı ile mağrur olarak haddini aşmış ve Allah'ın zekat emrini dinlemediğinden Musa'nın duasından sonra malı ile birlikte yere batmış olan dünya zengini. Cenab-ı Hakk'ın lütuf ve ihsanını kendine mal ederek nankörlük ve enaniyetinden dolayı bu fena sıfatı ile meşhur olmuştur.

KASIM : Taksim eden, ayıran bölen. Peygamber Efendimiz'in (a.s.) oğlunun adıdır.

KAŞİF : Keşfedici, gizli bir şeyi meydana çıkarıp açıklayan, izah eden. Mısır'da nahiye veya kaza idarecilerine verilen ad.

KATİP : Yazıcı, yazan.

KAYA (T) : Büyük ve sert taş kütlesi, sarp dağ, taşlık, uçurum.

KAYS (A)	: Leyla ile Mecnun hikâyesinde Mecnun'un gerçek adı. Sahabelerin çokça kullandıkları bir isimdir.
KAYAHAN (KAYHAN)	: Sert, kayayı delecek, kıracak güçte hükümdar.
KAZIM (A)	: Kızgınlığını, öfkesini yenen. Temkinli, kin tutmayan kimse.
KEMAL (A)	: Olgunluk, erdemlilik. Kusursuz. Fazilet. Sıdk ile yapılan güzel iş.
KEMALEDDİN KEMALETTİN (A)	: Dinde olgunluğa ermiş, dinî bilgisi çok kuvvetli olan, erdemli ve bilge kişi.
KENAN (A)	: Hz. Yakup un ülkesi, Filistin toprağı. Nuh peygamberin oğlu.
KEREM (A)	: Şeref, ululuk, asalet, cömertlik, lütuf, ihsan. Hayır ve güzel işler yapan, iyi ahlaklı kimse. Yaygın bir halk hikayesinin erkek kahramanı (Kerem ile Aslı).
KERİM (A)	: Kerem sahibi, cömert, ulu, büyük. Lütfu, ihsanı bol, hoşgörülü. İhsan yönünden ulu.
KIRAÇ	: Kırlık, tarıma elverişsiz toprak.
KORAY	: Ateş renkli ay, ateşli, ay yüzlü delikanlı. Halk ağzı; kamış.
KORHAN (T)	: Canlı, ateşli, genç hükümdar.
KORKMAZ	: Yılmaz, cesur, yiğit.
KORKUT	: Kutlu, heybetli, korkutucu, uğurlu ateş.

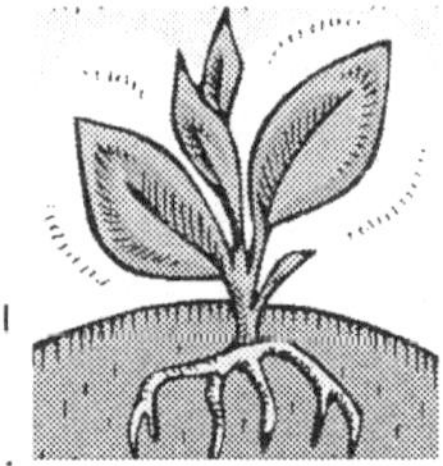

KÖKSAL (T) : Yeraltına dağılan bitki kökleri.

KUBAT : Kaba, hantal, biçimsiz. Davranışları ve konuşması kaba olan kişi.

KUBİLAY (T) : Cengiz'den sonra Moğol İmparatorluğu tahtına geçen büyük kağanların en ünlülerinden biridir.

KUDDUSİ (A) : Mukaddes, ulvi, temiz, pak. Cenab-ı Hakk'a ait. Kudsî ve temiz olana ait ve ona müteallik.

KUDRET (A) : Güç, takat, varlık. Kabiliyet, zenginlik.

KÜRŞAD (T) : Gür, bol, sık, sağlam, yiğit, canlı, çevik, semiz, şişman, gürbüz, yoğun, kalın, güçlü, muktedir.

L

LAÇİN (T) : Tüyleri beyaz benekli, kırmızı ayaklı bir tür şahin. Sarp, yalçın. Şiddetli. Eski bir Türk aşiretinin adı.

LAMİ (A) : Parlak, parlayan.

LATİF (A) : Nazik, yumuşak, güzel, hoş, mülayim, şirin. En ince işlerin bütün inceliklerini bilen, nasıl yapıldığına nüfuz edilemeyen en ince şeyleri yapan, çok lutfedici, derin, gizli.

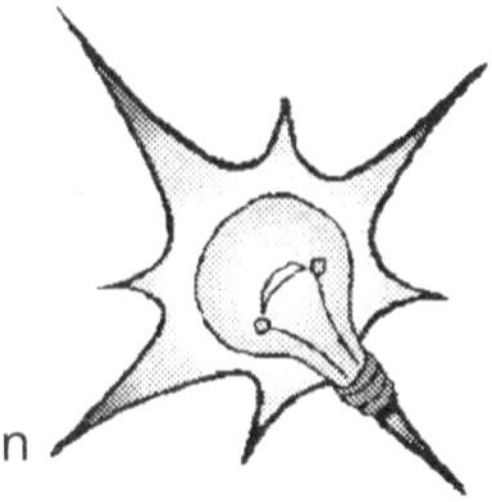

LEBİP (A) : Akıllı, zeki, anlayışlı.

LEVEND (İTA) : Osmanlı donanmasında görevli asker, denizci. Yakışıklı, boylu-poslu kimse. Atak, gözü pek, hareketli ve çelik.

LEVZAİ (A) : Akıllı, zarif kimse.

LOKMAN (A) : Yiğit, fedakâr. Tıp ve ahlâk konusunda bilge kişi. Kur'an-ı Kerim'in Mekke'de inen, 31. suresi.

LUT (A) : Kur'an-ı Kerim'de 27 yerde adı geçen bir peygamberin adıdır. Hz. İbrahim'in kardeşinin oğlu. Sodom nahiyesine peygamber oldu. Bu nahiyenin ahalisi ehli küfür ve fücur idi. Hiçbir kavmin yapmadığı fuhşiyatı yaparlardı. Hz. Lut onları doğru yola davet etti, dinlemediler. Nasihat etti, kabul etmediler. Cenab-ı Hak da onların başına taş yağdırdı ve zelzele ile köylerinin altını üstüne getirdi. Cümlesi helak oldu. Yalnız Lut ehli baytiyle geceleyin içlerinden çıkıp kurtul du. (Kısas-ı Enbiyadan)

LÜTFİ (A) : Hoşluk, iyi davranış, güzellik. Lütfuyla ilgili, lütfa ait olan.

LÜTFULLAH (A) : Allah'ın lütfu. Allah'ın iyi, hoş ve letafet sahibi kıldığı kişi.

M

MACİT (A) : Şerefli, şanlı, kerem sahibi, çok cömert. Şanı şerefi yüce, hoş.

MAHFİ (A) : Saklı, gizli, saklanmış.

MAHİR (A) : Usta, maharetli, hünerli, elinden iyi iş gelen, becerikli.

MAHMUT (A) : Hamd olunmuş, övülmüş, övülmeye layık. Sena edilmiş. Hz. Muhammed'in (a.s.) makamı. Türkler'in Muhammed yerine kullandıkları ad. Kâbe'yi yıkmak için giden Habeş komutanı Ebu Rebeha'nın filinin adı.

MAHSUN (A) : Kuvvetli, güçlü, peygamberlerin sıfatlarından.

MALİK (A) : Sahip, efendi. Tasarruf eden, elinde bulunduran. Cehennem zebanilerini idare eden melek. Malikî mezhebinin kurucusu.

MANSUR (A) : Allah'ın yardımı ile üstün gelen, galip. Musikide bir düzen ve ney çeşidi.

MANZUR (A) : Nazar olunan, görülen, bakılan, beğenilen, gözde, görülmeye değer.

MARUF (A) : Bilinen, tanınmış, belli, ünlü.

MAŞUK (A) : Sevilen, sevgili, aşk ile sevilen.

MAZHAR (A) : Nail olmuş, erişmiş, kavuşmuş. Zilsiz tef.

MAZLUM (A) : Zulüm görmüş, kendisine zulmedilen kişi, halim-selim, sakin-sessiz, uysal kişi.

MECDİ

MECDETTİN : Büyüklük, şan ve şerefle ilgili, ululuğa ait.

MECİT (A) : Azametli, şerefli, galip.

MECNUN (A) : Aşktan deli gibi olmuş, çıldırmış.

MEDET (A) : İnayet, yardım, imdat, eman. Eyvah.

MEDİH (A) : Övmeye ve medhetmeye sebep olan şey. Övme mevzuu.

MEHDİ : Hidayete eren, yolu tutan, Hak yola önderlik eden. İslam tarihinde çokça kullanılan bir isim. Ahir zamanda gelip bütün Müslümanları iman ve Kur'an esasları ile uyandıracak, dinlerine takviye ve imanlarını tecdid edecek olan ve Peygamberimiz Al'inden bir zattır.

MEHİR (F) : Ay, kamer.

MEHMED (A) : Muhammed isminin Türkçe'de meşhur olmuş değişik bir şekli. Resul-i Ekrem Efendimize verilen ve sadece ona layık bulunan Muhammed (a.s.) ismine hürmeten bu değişiklik adet olmuştur.

MEKKİ (A) : Mekke şehri ile ilgili. Mekke şehrinde oturan, buranın halkından olan kimse.

MELİH (A) : Güzel, şirin. Aynı zamanda "tatsız tuzsuz yemek" anlamına gelir.

MELİK (A) : Mülk ve melekît sahibi. Sultan. Memleket sahibi. Padişah. Kadir.

MEMDUN : Övülmüş, beğenilmiş, meth olunmuş. Layık. Peygamberimiz'in (a.s.) sevmiş olduğu hareket, iş.

MEMNUN : İyilik edilerek sevindirilmiş, gönlü hoş edilmiş.

MENDERES (YUN) : Akarsu yataklarının dolambaçlı kısmı. Ege bölgesindeki üç akarsudan biri.

MENNAN : Fazlasıyla iyilik yapan, ihsan edici.

MENSUR : Yardım görmüş, muzaffer, zaferi bulmuş. Peygamber Efendimiz'in (a.s.) bir ismi de Mensur. Saçılmış. Edebiyatta manzum olmayan, nesir halindeki yazı demektir. "Gece vaktinde güzel kokan bir çiçek."

MERİH : Aslı ''Mirri''dir. Güneş'in etrafındaki gezegenlerin beşincisidir. Kan gibi göründüğünden eskiden "savaş tanrısı" olarak inanılırdı. Mars gezegeninin diğer bir adı.

MERT : Sözünün eri, yiğit, bahadır.

MERVAN (A) : Emevi sülalesinin Mervan kolu.

MESRUR : Sevinçli, sevinmiş, meramına ermiş.

MESUT : Saadetli, iman ehli olan, bahtiyar, mutlu.

METE : Hun imparatoru Mete han. Hükümdar Teoman'ın oğlu.

METİN : Dayanıklı, sağlam. Bir yazı veya kitabın asıl ibaresi. Kur'an'da "çetin, şiddetli" anlamında üç yerde geçer.

MEVLÜD (A) : Yeni doğmuş çocuk. Doğulan zaman. Hz. Muhammed'in doğumunu anlatan manzum eser.

MİHMAN : Misafir, konuk.

MİHRUMAH : Ay ve güneş. Ay ve güneş gibi güzel olan.

MİKAİL : Dört melekten birinin adı. Canlıların rızıklarını her gün yazmakla görevlidir.

MİHAİL : Peygamberimiz Hz. Muhammed'in (a.s.) geleceğine haber veren, bir ismi de Mişail olan eski zaman peygamberlerinden biridir.

MİRAÇ (A) : Merdiven, göğe çıkan, Hz. Muhammed'in (a.s.) göğe çıktığı gece.

MİRKELAM : Bey sözü. Mecazi olarak: Güzel ve zarif sözler söyleyen.

MİRSAD : Gözetleme yeri. Yıldızları incelemeye yarayan alet, gözetleme dürbünü.

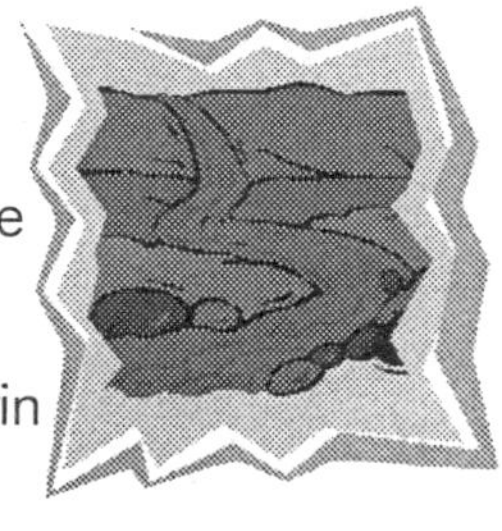

MİRZA : Beyzade, büyük kimselerin çocukları. Şehzade.

MİSBAH : Işık, çıra, aydınlatma aracı. Balıkların yüzmelerine yardım eden kanatları.

MİTAT : Övme, övünç, övmeye layık olan kimse.

MUHAMMED (A) : Pek çok, tekrar tekrar övülmüş, meth edilmiş. İlk olarak Peygamberimiz Hz. Muhammed'e (a.s.) verilmiştir.

MUHARREM : Şeriat esaslarına göre haram edilmiş, haram hükmüne girmiş, Hicret yılının birinci ayı. Kerbela olayı bu ay içinde olmuştur. Muharrem ayı içinde aşure dağıtmak, oruç tutmak halkımızın gelenek ve görenekleri arasında yer alır.

MUHİDDİN : Muhit kökünden gelir. Dini ihya eden, dirilten, canlandıran, hayat veren.

MUHLİS : Dostluk, inanç ve hareketlerinde içtenlikle davranan, katkısız, halis.

MUHSİN : Kale gibi sağlamlaştıran, iyilik eden, ihsanda bulunan, bahşeden.

MUHTAR (A) : Seçilmiş olan, hareketinde serbest olan, hür. Peygamber Efendimiz'in (a.s.) bir ismi.

MUHTEREM : Saygıya layık, saygı değer, sayın. Kıymetli ve şerefli. İhtiram olunmuş.

MUNİS : Sıcakkanlı. Alışık, alıştıran. Cana yakın. Hayat yoldaşı. Sevimli.

MURAT : Maksat, istek, arzu. Gaye, emel. İstenerek, ümit ederek beklenen.

MURTAZA : Seçilmiş, beğenilmiş.

MUSA : İsrailoğulları peygamberlerinden Hz. Musa'nın ismi. "Sudan gelme" anlamı taşır.

MUSTAFA : Seçilmiş, süzülmüş, saf. Temiz hale getirilmiş.

MUZAFFER : Galip, başarmış, elde etmiş olan. Üstün olan kimse. Kahraman. Zafer kazanmış, zafer kazanan.

MUCAHİT : Uğraşan, gayret eden, savaşan. İslam için cihat eden, savaşan kimse.

MÜJDAT : Müjdeler, sevinçli haberler, muştular.

MÜCTEBA : Seçilmiş, kıymetli, ihtiyar olunmuş.

MÜFİT (A) : İfade eden, güzel anlatan. Manalı, manidar. Faydalı, mütalasından istifade olunan.

MÜKERREM : Saygı değer, kutsal, büyük, şöhretli. Kerim olan, ikram olunmuş.

MÜMTAZ : Diğerlerinden ayrılmış, üstün, seçkin, seçilmiş. Ayrı tutulan.

MÜNCİ (A) : İnca eden, kurtaran, necat veren. Resul-i Ekrem'in (a.s.) insanların azaptan kurtulmasına dünya ve ahiret saadetlerine sebep olması anlamında mübarek isimlerinden biri.

MÜNİB : Hakk'a yönelen, günahları terk ile Hakk'a dönen. Güzel yağan, faydalı yağmur. Bereketli ve verimli bahar.

MÜNİF : Meşhur, âli, yüksek, büyük, ulu, bülend.

MÜNİR : Nurlandıran, nur veren, ziya veren, parlak.

MÜNTEHA (A) : Son, nihayet, akıbet, son uç.

MÜREN (T) : Akarsu, dere, ırmak.

MÜREVVA (A) : Aklı, fikri, düşünüşü, görünüşü sağlam.

MÜRSEL : Gönderilmiş, irsal olunmuş, yollanmış, nebi, peygamber.

MÜRŞİT : İrşat eden, doğru yolu gösteren, gafletten uyandıran, peygamber varisi olan kılavuz. Tarikat şeyhi.

MÜSLİM	: İslam olan, Allah'a teslim olmuş olan, selamette olan.
MÜSELLEM	: Teslim olunmuş olan, doğruluğu şüphesiz kabul edilen, itimat edilen, tasdik edilip, inkâr edilmeyen.
MÜŞFİK	: Şefkatli, merhametli.
MÜŞTAK	: Arzu ve iştiyak gösteren, fazla istekli.
MÜZDAT (A)	: Çoğaltılmış, ziyadeleştirilmiş.

N

NABİ (A) : Haber veren, haberci. Yüksek, yüce.

NACİ (A) : Necat olunan, kurtulan, selamete kavuşan. Cehennemden kurtulmuş, cennetlik.

NADİ (A) : Nida eden, bağıran, yüksek sesle çağıran. Meclis, toplantı.

NADİR (A) : Seyrek, az, ender bulunan. Benzeri az bulunan. Az görülen hal ve olay.

NAFİ (A) : Gideren, giderici, yok eden, yok edici, menfaatli, kârlı, faydalı, şifalı.

NAFİZ (A) : İşleyen, delip geçen, içeriye giren, sözü geçen, kendisine itaat edilen.

NAHİD-NAHİT (F): Zühre yıldızı. Venüs. Yeni yetişen kız.

NAİB (A) : Vekil, yaver, yardımcı.

NAİL (A) : Muradına eren, dileğini elde eden.

NAİM (A) : Bolluk ve bahtiyarlık içinde yaşama. Cennetin dördüncü katı. Taze, körpe. Uyuyan.

NAKIB-NAKİP (A): Kabilenin, aşkanın, şeyhin vekili.

NAMIK (A) : Yazıcı, yazar. Ünlü kişi.

NAMİ (F) : Namlı, ünlü.
Üreyen, çoğalan.
NASUH (A) : Nasihat eden, öğüt veren. Temiz.
NAŞİD-NAŞİT (A) : Şiir okuyan, şiir yazan.
NAZIM (A) : Tanzim eden, düzenleyen, manzume yazan.
NAZIR : Bakan.
NEBİ (A) : Haberci, haber getiren, peygamber.
NECATİ (A) : Kurtulmuş, selamete ermiş.
NECDET (A) : Kahramanlık, yiğitlik.
NECİB-NECİP (A) : Temiz, soylu, asaletli, yürekli.
NECMEDDİN
NECMETTİN (A) : Dinin yıldızı.
NECMİ (A) : Yıldızlarla ilgili.
NEDİM (A) : Sohbet arkadaşı, dost. Fıkra ve hikâye anlatarak eğlendiren.
NESİB (A) : Soyu temiz.
NEVZAT (F) : Yeni doğmuş, yeni doğan çocuk.
NEZHAT : Azeri lehçesinde; davranma.
NİHAD-NİHAT (A): Tabiat, huy, karakter, yaratılış.
NİYAZİ (A) : Yalvaran, dua eden.
NİZAMİ (A) : Düzenli, tertipli, yasal.
NUH (A) : Teselli. Nuh Peygamber'in adı.
NUMAN (A) : Kan. Hayatın güzelliği, refah.
NUREDDİN
NURETTİN (A) : Dinin nuru, dinin parlak kişisi.
NURİ (A) : Nurlu, ışıklı. Aydın.
NURULLAH (A) : Allah'ın nuru, ışığı, yardımı.
NUSRED
NUSRET (A) : Allah'ın yardımı. Zafer, başarı.
NUSREDDİN (A) : Dinden yardım elde eden.

O

OGÜN (T) : Önemli gün.

OĞUZ (T) : Mübarek, saf, iyi yaratılışlı. Köylü. Tosun. Sağlam ve güçlü.

OĞUZHAN (T) : Oğuz boyuna mensup olan Türklerin başı, Oğuz Türklerinin lideri, Oğuz Türklerinin hükümdarı demektir.

OĞUZKAN (T) : Oğuz soyundan gelen, Oğuz kanı taşıyan.

OKAN (T) : Anlama, anlayış, öğrenme, kavrama.

OKAY (T) : Satürn, güneş sistemindeki ikinci büyük gezegen. Kader, şans.

OKTAY (T) : Ok gibi hızlı, tay gibi çevik. Dik ve yüce dağ.

ORHAN (T) : Kent, kale hanı, önder. Saraylı. Osmanlı devletinin ikinci padişahı.

ORHUN (T) : Hun kalesi. Orta Asya'da Türklerin en eski vatanının bulunduğu bölgedeki ırmak.

ORTAÇ (T) : Tepe. Pay, hisse. Ozanların toplandığı stepe.

OSMAN (A) : Yılan yavrusu, ejderha, yırtıcı kuş. Hz. Muhammed'in (a.s.) damadı, İslam'ın üçüncü halifesi. Osmanlı devletinin kurucusu.

Ö

ÖMER (A)	: Dirilik, canlılık, yaşama, ömür sürme. Yaşayış. Hayat. Peygamberimizin kayın babası. İslam'ın ikinci halifesi.
ÖMÜR (A)	: Hayatta kalma, canlı, diri olma.
ÖNDER (T)	: Bir davada fikrî, siyasî bir harekette önde giden, ön ayak olan. Lider. Başkan, şef.
ÖZCAN (T, F)	: Özden, içten, samimi, candan, riyasız.
ÖZER (T)	: Özü er olan, yaratılıştan erkek ve yiğit olan.
ÖZERHAN (T)	: Soylu, yiğit olan han. Evrenos Gazi'nin büyük babasının adı.
ÖZGÜN (T)	: Nitelikleri bakımından benzerlerinden ayrı ve üstün olan. Yalnız kendine özgü olan. Özgü bir nitelik taşıyan.
ÖZGÜR (T)	: Serbest, rahat hareket edebilen, başkasına köle olmayan.
ÖZHAN (T)	: Padişah soyundan gelen Gönlü yardımseverlik duygusuyla dolu, soylu.
ÖZKAN (T)	: Temiz kanlı, asil soydan gelen.

ÖZKUL (T) : Gerçek kul, kulluğun gereklerini tam olarak yapan, Allah'a kulluğunu noksansız yapan.

ÖZMEN (T) : Temiz insan, özü iyi, sağlam kişilikli.

ÖZTEKİN (T) : Asıl şehzade, gerçek prens.

P

PAYE (F)	: Aşama, rütbe, derece. Basamak. İkizler burcunun bir yıldızı.
PERKER (T)	: Güçlü kimse.
PERTEV (F)	: Işık, parlaklık. Ziya, alev, sıçrama, atılma.
PERVER (F)	: Besleyen, besleyici, yetiştiren, yetiştirici, terbiye eden.
PEYAMİ (F)	: Haberci, bilgi toplayan, haberle ilgili.
PİRANE (F)	: Yaşlılara yakışır şekilde. Olgunca tavır.
PİRUZ (F)	: Kutlu, hayırlı, uğurlu.
POLAT (F)	: Çelik, kuvvet, güç. Sert ve katı olan şey. Sertleştirilmiş demir.
POLATKAN (T)	: Çelik gibi güçlü soydan gelen.
POYRAZ (YUN)	: Kuzeydoğudan esen soğuk rüzgâr.

R

RACİ (A) : Rica eden, yalvaran, dileyen. Dönen, geri gelen.

RADİ (A) : Boyun eğen, rıza gösteren, kabul eden.

RAFET (A) : Acıma, merhamet etme, esirgeme.

RAFETTİN (A) : İslam dininin vermiş olduğu acıma, esirgeme korkusu.

RAFIZ (A) : Terkeden, salıveren, bırakan.

RAFİ (A) : Yükseltici, hamil, sahip, kaldırıcı, kaldıran. Esma-ül Hüsna'dan biri.

RAFİH (A) : Rahat içinde ve refahça yaşayan.

RAGIB (A) : İsteyen, rağbet eden.

RAHİM (A) : Esirgeyen, koruyan, muhafaza eden, merhamet eden, acıyan. Esma-ül Hüsna'dan biri.

RAHMİ (A) : Rahmete mensup, rahmete müteallik.

RAİD (A) : Gürleyen.

RAİF (A) : Merhametli, acıyan, koruyan, esirgeyen.

RAMAZAN (A) : Yanmak, çok ısınmak, çok sıcak olmak, yakmak. Hicri (kameri) ayların dokuzuncusu.

RAMİ (A) : Çok itaatli olan, itaatkâr.
RAMİS (A) : Toprağı her yöne sürüp, savuran rüzgâr.
RAMİZ (A) : Akıllı, zeki.
İşaretlerle, simgelerle gösteren.
RASİF (A) : Dayanıklı, sağlam, muhkem.
Denizin yüzüne çıkmış kayalar.
Taş, temel, rıhtım.
RASİH (A) : Temeli kuvvetli, sağlam. Bir bilimde, özellikle din alanında çok derinleşmiş olan.
RASİM (A) : Resim yapan. Akarsu.

RAŞİD/RAŞİT (A) : Hak dinini kabul eden, doğruya giden. Olgun, akıllı. Rüşte erişmiş olan.
RATİB (A) : Tertip edip, sıraya koyan.
RAUF (A) : Çok merhametli, çok esirgeyen, acıyan. Esma-ül Hüsna'dan biri.
REBİİ (A) : Bahara ait, baharla ilgili, bolluğa sahip.
REBİS (A) : Bahadır, kahraman. Meşakkat.
RECA (A) : Emel, ümit, yalvarma, istek, arzu, dilek.
RECAİ (A) : İsteyen, rica eden, Allah'a yalvaran.
RECEB/RECEP (A) : Heybetli, azametli, gösterişli. Ta'zim etmek. Cennette bir nehir ismi. Mübarek üç ayların birincisi ve kameri aylardan yedincisi.
REFET (A) : Acıma, esirgeme. Ulu.
REFİK (A) : Mesleğe yeni giren kimse, arkadaş, yoldaş, ortak, muavin, yardımcı, koca. Akıllı.
REGAİB (A) : Rağbet olunan, rağbetle istenilenler, armağan. Bol bol ihsan etmek.

REHA (F) : Kurtuluş, kurtulma, halas. Urfa şehrinin eski ismi.

REİS (A) : Baş, başkan, kumandan.

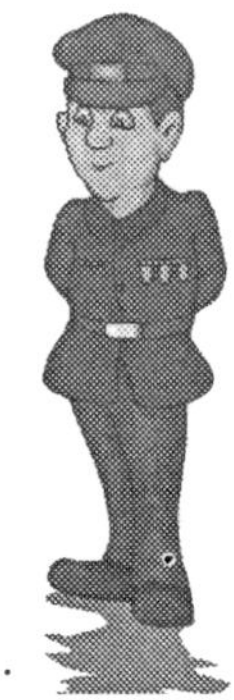

REKİN (A) : Yüce, yüksek, âli. Ağırbaşlı, ciddi, vakarlı.

REMZİ (A) : Remizle (işaretle) ilgili. Sembolik, simgesel.

RENA (A) : Nazar olunan, bakılan.

RENAN (A) : Çok ses çıkaran, çınlayan, inleyen.

RESUL (A) : Elçi, haberci, peygamber. Yeni bir kitap.

REŞAD/REŞAT (A) : Hak yolda, doğru yolda yürümek.

REŞİD/REŞİT (A) : İyi ve doğruyu seçebilen. Malını idare gücü olan, rüşt yaşına ulaşmış, ergen. Erişkin. Akıllı hareket eden.

REVAN (F) : Akan, su gibi akıp giden. Ruh, can.

REVNAK (A) : Parlaklık, güzellik, tazelik, süs.

REZZAK (A) : Yaratılmışlara faydalanacak ları şeyleri ihsan eden, rızıklandıran. Bütün mahlukta rızkını veren ve ihtiyaçlarını karşılayan. Esma-ül Hüsna'dan.

RIDVAN (A) : Memnunluk, razılık, hoşnutluk. Cennet kapısında bekleyen büyük melek.

RIFAT (A) : Yükseklik, yücelik, itibar, yüksek mertebe.

RIFKI (A) : Yumuşaklık, mülayimlik, yumuşak başlılık, naziklik, tatlılık.

RIZA (A) : Razı olma, hoşnutluk, memnuniyet, onaylama, kabul etme. Bir şeyin olmasına muvafakat etme. Kadere boyun eğme.

RİNDAN (A) : Kalenderler, dünya işlerini hoş görenler.

RUHİ (A) : Ruha ait, ruhla ilgili, ruhçu. Ruh sahibi.

RUŞEN (F) : Aydın, parlak, belli, aşikâr. Apaçık, ortada.

RÜSTEM (F) : Yiğit, cesur, kahraman. Kuvvet ve cesaretin timsali. İran'ın ünlü pehlivanı ve savaşçısı.

RÜŞTÜ (A) : Doğru yolu bulan, aklı başında. Rüştüne ermiş. Ergin, olgun.

S

SABRİ (A) : Sabırlı olan, eziyete katlanan, sabırla ilgili. Sabra ait. Acelesiz kimse.

SACİ (A) : Secili konuşan, kafiyeli konuşan. Sözleri kafiyeli.

SACİT (A) : Secde eden. Başını yere koyup Allah'a yalvaran.

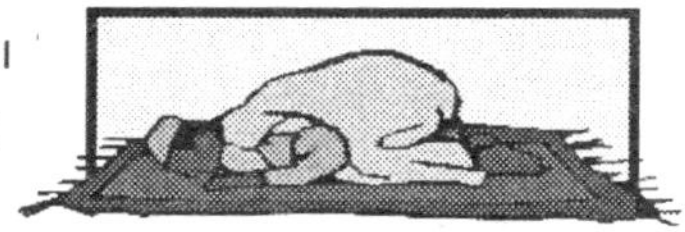

SAADETTİN (A) : Dinin kutlu, uğurlu, mübarek kişisi.

SADIK (A) : Samimi, bağlı, sadakatli, yalanı olmayan. İçten bağlı, doğru dürüst.

SADİ (A) : Sabah vakti. Koyun ve deve bölüğü. Kutlu bir gün, mutlu. Yedi günlük oğlan çocuğu. Haklı. İtaatli

SADRETTİN (A) : Dinin önderi, ileri gelen kişisi. Sadrı, başı. Mevlana'nın hocasının adı.

SADRİ (A) : Göğüs ile ilgili, göğüse ait. Anneye nisbet ve çocuk.

SADULLAH (A) : Allah'ın kısmetli kıldığı kişi. Şanslı, talihli, kısmetli, kısmeti açık.

SAFA (A) : Neşeli, sevinçli, üzüntü ve kederden uzak olma; ferahlık, rahatlık. Duru olmak. Temiz, saf, berrak. Hacda say ibadetinin başladığı iki tepeden ilki.

SAFFET (A) : Saflık, arılık, temizlik.

SAİD (A) : Allah katında makbul tutulmuş. Kutlu, uğurlu, mesut, mübarek, bahtiyar.

SAİM (A) : Oruç tutan kişi, oruçlu.

SAKIP (A) : Çok parlak. Delen, delik açan. Tesir eden. Işıklı, ışığı çok parlak olan.

SALİM (A) : Korkusuz, endişesiz, kusursuz, ayıpsız. Sağlıklı olmak.

SAMED (A) : Çok ulu, çok yüce, çok yüksek. Daim olan. Kimseye muhtaç olmayan. Esma-ül Hüsna'dan biri.

SAMİ (A) : Yüksek, yüce. Duyan, işiten, dinleyen. Sert, katı.

SANCER (T) : Selçuklu hükümdarlarından Melikşah'ın oğlu.

SARP (T) : Geçilmesi, çıkılması güç, çok dik.

SAVAŞ (T) : Birbirine düşman iki ordunun çarpışması.

SEBAT (A) : Sabretmek. Yerinden oynamak. Dayanmak, kararlılık.

SEÇKİN (T) : Benzerlerinden üstün olduğu için seçilen, seçilmiş. Üstün, ender.

SEDAT (A) : Hak, doğru. Doğru ve haklı. Doğruluk, akıl.

SEFA (A) : Rahatlık ve sakin olma, kaygısızlık ve gönül rahatlığı.

SELAHADDİN (A): Dinine bağlı kimse.

SELAMİ (A) : Barış ve rahatlıkla ilgili, iyilik.

SELÇUK (T) : Güzel konuşabilen, sel gibi akan, önüne çıkanı yıkan.

SELİM (A) : Noksanı olmayan, sağlam, zararsız, tehlikesiz. Saf, doğru, temiz. Refah içinde, selamette olan.

SELMAN (A) : Huzur, barış içinde bulunma, barışçı, sulhçu.

SEMİH (A) : Eli açık, cömert.

SEMİN (A)	: Kıymetli, pahalı, değerli.
SENAİ (A)	: Methedilen, övmeye mensup, övülen.
SENCER	: Halden bilen kimse. Kale, hisar. Bir Çağatay hanı
SERDAR (F)	: Baş kumandan. Reis. Sefer zamanında ordunun başında sefere gidene verilen unvan.
SERGEN (T)	: Raf, vitrin. Tepelerdeki düzlük yer. Yorgun, perişan.
SERHAN (F)	: Kralların, hükümdarların başı.
SERHAT (A, F)	: Hudut, sınır, sınır başı; iki devlet arasındaki sınır boyu.
SERKAN (F, T)	: Soylu. Başkan, reis. Emir.
SERKUT (F)	: Mutlu, talihli, kutlu insan.
SERMED	
SERMET (A)	: Ebedîlik, sonsuzluk, daimi, sürekli, biteviye.
SERTAÇ (F)	: Baş tacı, sevilen, sayılan.
SERVER (F)	: Baş, başkan, reis. Bir topluluğun başı.
SEYFEDDİN / SEYFETTİN (A)	: Dini koruyan, dinin kılıcı.
SEYFİ (A)	: Kılıç ile ilgili, kılıç şeklinde, askerlikle ilgili.
SEYFULLAH (A)	: Allah'ın kılıcı.
SEYYİD-SEYYİT (A)	: Bir topluluğun ileri gelen kişisi, lider. Hz. Peygamber'in (a.s.) soyundan olan kimse.
SEZAİ (F)	: Uygun, yaraşır, münasip.
SEZER (T)	: Duyan, hisseden, anlayan.
SEZGİN (T)	: Sezme yeteneği olan, sezgili.
SEZMEN (T)	: Sezen, anlayan kimse.
SIDDIK (A)	: Çok doğru olan, hiç yalan söylemeyen. Hakikati onaylayan ve kabul eden kişi.

SIDKI-SITKI (A) : Yürek temizliği. Doğrulukla ilgili.

SIRRI (A) : Sırla ilgili, sırra ait. Mistik.

SİNAN (A) : Mızrak, süngü vb. silahların sivri ucu.

SONER (T) : Sonuncu, son doğan erkek çocuk.

SUAT (A) : Mutlulukla, saadetle ilgili.

SUAVİ (A) : Herkesin işine koşan, yardım eden.

SUFİ (A) : Tasavvuf erbabı. Mutasavvıf.

SULHİ (A) : Barışa özgü. Barışla ilgili. Barışçıl.

SÜHEYL (A) : Güney yarım kürede çok parlak bir yıldız. Uygun, kolay, yumuşak.

SÜLEYMAN (A) : Davut Peygamber'in oğlu, hayvan ve cinlerle konuşan peygamberin adı.

SÜMER (T) : Eski tarihlerde Mezapotamya'da yaşamış olan bir kavim.

Ş

ŞABAN (A) : Aralık, fasıl.
Müslümanların takvimi olan hicrî (kamerî) ayların sekizincisinin, üç ayların ikincisinin adıdır. Memluk sultanlarından bazılarının adıdır.

ŞADİ (F) : Sevinçlilik, memnunluk, mesruriyet, gönül ferahlığı. Mübaşir. İlimden, edebiyattan hissesi olan, nağme ile şiir okuyan.

ŞAFAK (A) : Tan zamanı. Güneş doğmadan önce ufukta görülen ağartı, aydınlık. Güneş battıktan sonraki alaca karanlık. Gündüz. Merhamet. Harf.

ŞAFİ (A) : Şifa veren. Şifa verici. Allah'ın (c.c.) hastaları iyi eden anlamındaki ismi. Kifayet eden. Yeter görünen. (Şefaatten) şefaat eden, bir kimsenin suçunun bağışlanması için vasıtalık eden.

ŞAHAN (F)	: Şahlar, padişahlar.
ŞAHAP (A)	: Alev, ateş parçası. Parlak yıldız, kayan yıldız, akan yıldız.
ŞAHİN (T)	: Doğana benzeyen yırtıcı bir kuş.
ŞAKİR (A)	: Şükreden, gördüğü iyiliğe teşekkür eden, Allah'a şükreden.
ŞAMİL (A)	: Şümullü, içine alan, kaplayan, çevreleyen, çok yönlü. Her işten anlayan, her işi başaran.
ŞEFİK (A)	: Şefkatli ve sevecen olan, acıyan, merhametli, esirgeyici olan.
ŞEHİD (A)	: Şahit olan. Meşhude. Allah (c.c.) yolunda canını feda eden Müslüman. Allah'ın rızasına eren.
ŞEMSETTİN (A)	: Dinin aydınlığı, güneşi. Dinin değerli kişisi.
ŞENER (F, T)	: Şen, neşeli kişi.
ŞERAFETTİN (A)	: Dinin şerefli kişisi.
ŞEREF (A)	: Yücelik, ululuk, izzet, seçkinlik, iyi ahlak ve faziletler sonucu meydana gelen manevi yücelik.
ŞERİF (A)	: Soyu temiz, şerefli olan. Yüksek, şanlı, şöhretli, kutsal, asil.

ŞEVKET (A) : Büyüklük, heybeti kudret ve kuvvetten doğan haşmet. Padişaha mahsus şöhret ve saltanat.

ŞEVKİ (A) : Şevkli, neşeli, arzulu, istekli.

ŞİNASİ (A) : Tanıyan, tanımakla ilgili. Anlayan, bilen kimse.

ŞUAYB (A) : Kur'an'da adı geçen 25 peygamberden biri. Millet, kabile.

ŞÜKRÜ (A) : Gördüğü iyiliğin karşılığında duyduğu minneti dile getiren.

T

TACEDDİN (A, F) : Dinin tacı, dinin itibarlı ve sevilen kişisi.

TAHA (A) : Yaymak, döşeyip düzgün bir şekilde sermek. Arzın, hayata münasip şekilde döşenmesi. Düzgün arz. Kur'an-ı Kerim'de mukattaat-ı hurufiyeden olup Cenab-ı Hak ile Peygamberimiz (a.s.) arasında bir şifredir. Peygamberimiz'in (a.s.) isimlerinden biridir. Kur'an-ı Kerim'deki 20. surenin adı.

TAHİR (A) : Temiz, pak. Görünür ve görünmez bütün ayıp ve kirlerden uzak, temiz.

TAHSİN (A) : Güzel bulma, alkışlama, beğenme, güzel kalma, süsleme, takdir etme.

TALAT (A) : Yüz, çehre, güzellik, aydınlık ve açık yüz. Nurlu. Bir şeye çok rağbet etmek.

TALHA (A) : Muza benzer meyve, akasya ağacı.

TALİB (A) : İsteyen, istekli, talebe.

TAMER (T) : Tam erkek, gerçek, yiğit asker.

TANER (T) : Tan yeri ağarırken doğan erkek çocuğu. Şafak gibi canlı.

TARIK (A) : Sabah yıldızı, Zuhal yıldızı, parlak yıldız. Gece gelen kimse. Kur'an-ı Kerim'in 86. suresi.

TARKAN (T) : İslam'dan önceki Türklerin kullandığı vezir, bey, vekil gibi unvanlardandır. Ayrıcalıklı, saygın kişi.

TAYFUN (ÇİN) : Okyanus kıyılarında görülen büyük fırtına.

TAYFUR (A) : Uçmak. Bir kuş ismi.

TAYYAR (A) : Uçan, uçucu, uçma yeteneği olan.

TAYYİB (A) : Güzel, hoş, temiz, helal, güzel kokulu. Cenab-ı Allah'ın Peygamberimiz'e (a.s.) en güzel kokuları vermesinden dolayı kendisine Tayyib denilmiştir. Helalin her türlü şüphelerden uzak, saf ve temiz kısmına denir.

TEKİN (T) : Uğurlu, hayırlı. İçinde kimse bulunmayan, zararsız.

TEMEL (T) : Asıl, esas. Bir yapının sağlam dayanak buluncaya kadar toprak içinde aşağı doğru uzatılan dip duvarları.

TEOMAN (T) : Duman. Oğuzhan'ın babasının adı.

TEVFİK (A) : Uygun düşürme, Allah'ın yardımı. Muvafık kılma. Uygun hale getirme.

TİMUÇİN (T) : Demirci. Moğol imparatoru Cengiz Han'ın asıl adıdır.

TİMUR (T) : Demir sözünün eski Türkler'deki söyleniş şeklidir.

TOLGA (T) : Miğfer, çelik veya demir başlık, savaşçıların başlarına giydikleri başlık.

TUFAN (A) : Afet, felaket. Çok şiddetli ve her tarafı kaplayan yağmur.

TUGAY (T) : İki alaydan oluşan askerî birlik, liba.

TUĞRUL (T) : Akbabayı andıran, gagası ve pençeleri güçlü bir masal kuşunun adı.

TUNCAY (T) : Ayın tunç renginde görünüşü.

TUNCER (T) : Tunç gibi sağlam, güçlü erkek.

TUNÇ (T) : Bakır, çinko ve kalay karışımı. Bronz.

TUĞRAN (T) : Türk ülkesi. Orta, Doğu, Kuzey, Batı Asya ve Doğu Avrupa bölgelerini içine alan coğrafya.

TURGUT (T) : Yerleşme merkezi, oturulacak yer, mesken, konut.

TURHAN (T) : Tuğra han kelimesinin kısaltılarak söyleniş şeklidir.

TÜMER (T) : Tam erkek, mükemmel yiğit.

TÜRKAY (T) : Ay gibi parlak, aydınlık Türk.

U

UBEYDULLAH (A) : Allah'ın kulu, Allah'ın küçük kulu. Küçük yaşta Allah'a kulluk yapan.

UFUK (A) : Çevre. Kültür ve anlayış yeteneği. Gökle yerin birleşmiş gibi görüldüğü yer.

UĞUR (T) : Yol, yön. Gaye, maksat. Şans, kısmet. Hayır, bereket.

UKBE (A) : Nöbet, çorba bakiyesi.

ULVİ (A) : Yüksek, yüce, semavi, manevi. Ruhani değeri yüksek kimse.

UMUR (T) : Tecrübe, bilgi, görgü, deneyim.

UMUT (T) : Ümit etmek, beklemek, zannetmek.

UTKU (T) : Emek ve çetin uğraşmalar sonucunda ulaşılan mutlu son.

Ü

ÜBEYDULLAH (A) : Allah'ın küçük kulu.

ÜMİT (F) : Umut, umulan şey, hayal etmek.

ÜMMET (A) : Cemaat, kavim, taife. Bir peygambere inanıp onun yolundan giden insanların hepsi.

ÜMRAN (A) : Bayındırlık, medeniyet, bolluk, bereket, şenlik, mutluluk.

ÜNAL (T) : Herkes tanısın, ünlü, şöhretli ol.

ÜSAME (A) : Davar otlatma. Aslan. Peygamberimiz'in (a.s.) azat ettiği köle.

ÜVEYS (A) : Kurtçuk.

ÜZEYİR (A) : Kur'an'da adı geçen büyük zatlardan. Peygamber olup olmadığı hakkında ihtilaf vardır.

V

VAHAB (A) : Bağışlayan, ihsan eden, çok fazla bağış yapan.

VAHDETTİN (A) : Dinin birliği.

VAHİD (A) : Tek, eşi ve benzeri bulunmayan. Esma-ül Hüsna'dan biri.

VAKKAS (A) : Okçu, ok atan. Ok atmada çok usta olan.

VAROL (T) : Uzun ömürlü olunması için dua. Varlığının devamını dileme.

VASFİ (A) : Nitelikli, vasıflı.

VECDİ (A) : Vecdle, heyecanla iligili. Vecd sahibi. İlahi aşka tutulmuş.

VEDAT (A) : Dostluk, sevme, sevgi, içten, candan.

VEHBİ (A) : Çalışmakla kazanılmayan, Allah'ın ihsanı ile olan. Allah vergisi.

VELİ (A) : Sahip, malik. Evliya. Muhafaza eden. Küçük çocukların halinden mesul kimse. Sıddık, baba. Hayatını mücadelelerle, azimet ve fevkalede bir zühd ve takva ile ibadet ve taata sarfeden, dost, keramet sahibi, ilmî ve kevni harikalar meydana getiren. Allah'ın dostu. Cenab-ı Hakk'ın isimlerinden biri.

VEYSEL (A) : Üveys, kurtçuk. Böcek şeklinde kurt.
VEYSİ (A) : Muhtaç, fakir, yoksul.
VOLKAN (FRAN) : Yanardağ.
VURAL (T) : Vuran, vurucu, vurup alan.

Y

YABAN (F) : Çöl, sahra. Yabancı.
YABGU (T) : Hakan, hükümdar, hakanın vekili. Yönetme, koruma.
YABGUALP (T) : Doğu bölgesi Türklerinin yiğit başbuğu.
YADİGÂR (F) : Bir kimseyi veya nesneyi hatırlatacak şey. Andaç.
YAFES (T) : Nuh Peygamber'in üçüncü oğlu. Tufandan sonra Hazar denizinin kuzeyine yerleşmiştir.
YAĞIZ (T) : Parlak siyah, kızıl ile siyah arası bir renk.
YAHŞIBAY (AZ) : Yakışıklı, ünlü, genç ve zengin kişi.
YAHYA (A) : Hz. Zekeriya'nın oğlu. İsrailoğulları peygamberlerinden ve Hz. İsa'nın şeriatı ile amel edenlerden olmuştu. Hz. İsa'dan önce Tevrat'a göre hareket ederdi. Kudüs'ün o zamanki reisi Hz. Yahya'nın, Hz. Musa (a.s) şeriatı üzere amel etmediğini ileri sürdüklerden onu şehit ettiler.
YAKUB (IB) : Kur'an-ı Kerim'de adı geçen peygamberlerdendir. Yusuf'un babası ve İshak'ın oğlu. Bir adı da İsrail olduğundan bu sülaleden gelenlere İsrailoğulları denilmektedir. Büyük oğlunun adı Yehud olduğundan sonradan bunlara Yahudi denilmiştir. İzleyen, takip eden.

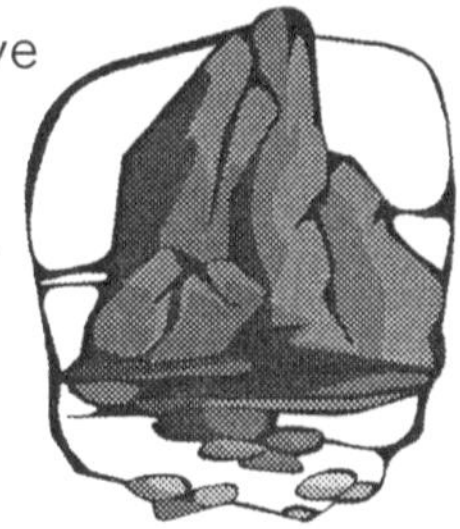

YALÇIN (T) : Sarp, dik, yüksek, çıplak ve kaygan yer

YALIM (T) : Yaratılış, huy, mizaç. Alev. Yalçın ve sarp yer.

YALIN (T) : Tek, sade ve gösterişsiz. Şimşek, yıldırım, alev, parlaklık.

YALVAÇ (A) : Kendisine kitap inmiş peygamber.

YAMAN (T) : Şaşılacak derecede yetenekli, becerikli. Cesur, güçlü.

YANAL (T) : Geri dönen. Halk ağzında: Nehir yatağı.

YARBEY (T) : Toplumu için uğraşan, emek veren bey.

YAREN (F) : Arkadaş ve dost.

YASİN (A) : Kur'an-ı Kerim'de bir sure adı. "Ya seyyid, ya insan" gibi muhtelif manalarla rivayet edilir. Şifredir. Hz. Peygamber'in (a.s.) fıtraten, hilkaten, edeben ve ahlaken en yüksek olduğu herkesçe bilindiğinden bu isim kendisine verilmiştir.

YASER (A) : Bolluk, bereket, varlık, zenginlik.

YASİR (A) : Sol tarafa giden.

YAŞAR (T) : Eski Türklerde çocukları yaşamayan ailelerin, yaşaması için çocuklarına verdikleri bir isim.

YALÇIN (T) : Cilalı, parlak, sert anlamlarındadır.

YAVUZ (T) : Yaman, güçlü. Osmanlı Padişahı 1. Selim'in lakabı. Şiddetli yanan. Alâ, fevkalâde. Pek sert.

YEKSER (F) : Tek başına, bir baştan bir başa, âniden.

YEKHAN (F) : Tek, eşsiz han.

YEKTA (F) : Tek, benzersiz, eşi olmayan.

YEMİN (A) : Sözü Allah'ı zikrederek kuvvetlendirmek. Kasem. Elele tutuşarak Allah'a bağlılığı bildirmek. Allah'a ve birbirine söz vererek ahidleşmek. Mübarek. Sağ taraf, sağ el.

YEMLİHA : Yedi uyurlardan biri.

YENER (T) : Yenen, galip gelen, rakiplerine üstün gelen.

YERHUM (A) : Erkek kartal.

YESAR (A) : Sol el. Varlık, zenginlik. Gençlik. Bolluk. Kolaylık.

YESARİ (A) : Zenginlikle ilgili, solak.

YETİŞ (T) : Tam zamanın da var. ideceğin yere ve amacına ulaşmak.

YEZİD (A) : Hz. Muaviye'nin oğlu ve Emevi devletinin ikinci halifesi. Şam'da doğdu.

YILDIRAY (T) : Parlak, çok ışıklı, ışık saçan ay.

YILDIRIM (T) : Osmanlı Padişahı 1. Bayezid'in lakabı.

YILDIZHAN (T) : Parlayan ve göz kamaştıran han. Oğuz Han'ın üçüncü oğlunun adı.

YILMAZ (T) : Zorluklar karşısında yılmayan, korkmayan, ürkmeyen, sebatlı.

YİĞİT (T) : Genç, delikanlı. Cesur, kahraman, mert. Gözü pek, fikirlerini açıkça söylemekten çekinmeyen kimse.

YİĞİTCAN (T) : Yürekli, cesaretli, gözü pek, cesur kişi.

YUNUS (A) : Bir takım yıldızının adı. Uzun süre Hud (Yunus) balığının karnında kaldığı rivayet edilen peygamberin adı. Kur'an-ı Kerim'in 10. suresi ve Kur'an-ı Kerim'de dört yerde adı geçmektedir.

YUSUF (A) : Yücelmiş, şanlı, yakışıklı. Hz. Yakub'un 12 oğlundan en küçüğü. Babası kendisini çok severdi. Gördüğü bir rüyayı babası tabir ederek peygamber olacağını ve bütün kardeşlerinin kendisine itaat edeceklerini söyledi. Kardeşleri kendisini kıskandıkları için bir hile ile izini kaybetmek istediler ve bir kuyuya attılar. Oradan Mısır'a giden kervancılar onu aldılar. Mısır'da köle olarak sattılar. Sarayda Mısır maliye nazırının yanında hizmet ederdi. Güzelliği, temizliği dillere destan oldu. Mısır azizinin karısı Zeliha'nın iftirasına uğrayarak bir süre hapiste kaldı. Orada peygamberlikle müşerref oldu. Mısır melikinin gördüğü rüyayı en sahih olarak tabir ederek bir süre sonra hapisten çıktı. Tabir ettğİ gibi yedi sene bolluk oldu. Ve ondan sonra da yedi sene kıtlık oldu. Bunun üzerine Hz. Yusuf da hazine nazırı olarak tayin edildi. Her taraftan mahsul, yiyecek almaya gelirlerdi. Kenan illerinde hasta ve Yusuf'una ağlamakla gözleri görmez olan Hz. Yakub'un evlatları da yiyecek almak için geldiler. Hz. Yusuf evvela onları tanımazdan geldi, sonra onlara iyilik etti ve babalarını da Mısır'a davet etti. Yusuf'un gömleğini gözüne sürmekle Hz. Yakub'un gözleri açılmıştı. Yusuf Mısır'a aziz oldu ve Zeliha ile evlendi.

YUŞA (A) : Hz. Musa dan sonra peygamber olmuş ve İsrailoğulları'nı çöllerden kurtarmıştı.

YÜCEL (T) : Yücelmiş olan, yücelen, namı ve şanı yüksek olan.

YÜKSEL (T) : Yüksek ol, yükseklere çık, yücel, başarı kazan, ilerle, makamın ve derecen yükselsin demektir.

YÜLEK (T) : Okun arkasındaki tüy.

YÜMNİ (A) : Her işe sağ eli ile ve sağ adımını atarak başlayan. Uğurlu. Bereketli.

YÜREK (T) : Kalp, gönül, bağır. Cesaret, acıma duygularını simgeleyen organ.

Z

ZABİT (A) : Askeri kumanda eden rütbeli asker. Kuvvetli, yavuz. Zapteden. Başkalarını zaptedip idare etmeye memur olan subay, komutan. Mecaz: Dediğini yaptıran, tuttuğunu koparan kimse.

ZAFER (A) : Muvaffak olma, maksada erme. Birçok uğraşmadan sonra maksada erişme. Düşmanı yenme, üstün gelme, başarma. Galip gelme, yenme.

ZAHİD (A) : Çok dindar, dinin kurallarına uyan.

ZAHİR (A) : Kuvvetli deve. Yardımcı, arka çıkan. Geriden gelen kuvvet.

ZAİM (A) : Zeamet sahibi, varlıklı. Lider, önder. Kefil.

ZAKİR (A) : Zikreden, Allah'ı tesbih eden. Hafızası kuvvetli. İlahiler okuyan. Çok çok dua eden ve Esma-ı İlahiye'yi okuyan. Tekrar eden.

ZARİF (T) : İnce, hoş, yakışıklı.

ZATİ (A) : Kişisel. Özel.

ZEKAİ (A) : Keskin zekalı, çabuk anlayışlı.

ZEKERİYA (A) : İsrailoğulları'nın peygamberlerinden ve Hz. Süleyman'ın neslindendir. Allah'ın hatırladığı. Bir peygamber adı. Yahya Peygamber'in oğlu. Kur'an-ı Kerim'de yedi defa adı geçer.

ZEKİ (A) : Zekâ sahibi, çabuk anlayışlı. Kavrayışlı, keskin zekâlı.

ZEREN (F) : Gerçeği söyleyen. Zeki, akıllı. Altın kalpli.

ZEYD (A) : Eski fetva metinlerinde erkeği temsil etmek için kullanılan isimlerdendir. Ziyadeleşmek, çoğalmak.

ZEYNEL (A) : Süs, ziynet.

ZİHNİ (A) : Akıllı, düşünceli ve kavrayışlı kimse. Zihinle alakalı, zihne ait.

ZİKRİ (A) : Zikreden, anan.

ZİNNUR (A) : Nur sahibi. Nurlu, ışıklı, parlak, bahtiyar.

ZİVER (F) : Şiddetle yürümek. Süs, ziynet.

ZİYA (A) : Aydınlık, ışık, nur. Ruşenlik.

ZİYAD (A) : Fazlalık, çokluk.

ZÜBEYİR (A) : Yazılı küçük şey. Hz. Peygamber'in (a.s.) arkadaşlarından ve cennetle müjdelenen 10 sahabeden biri.

ZÜHDÜ (A) : Takva ehli. Dünyaya rağbet etmemek, nefsani zevk ve arzudan kendini çekerek ibadete vermek.

ZÜHEYR (A) : Çiçekçik, küçük çiçek.

ZÜLFİ/ZÜLFÜ (A) : Kılıcın kabzasına iliştirilen süs.
Kahküllü. Saç ile ilgili, saça ait.

ZÜLFİKAR (A) : Peygamber Efendimiz'in Hz. Ali'ye armağan ettiği çatal ağızlı kılıç. Hz. Ali'nin kahramanca kullanmasıyla ün kazanmıştır.

ZÜLKARNEYN (A) : Cihangir, büyük İskender. Kur'an'da adı geçen büyük bir hükümdar ismi.

ZÜLKİF (A) : Yüce makam sahibi. Allah'ın iyiliklerine mazhar olan kişi.

kız isimleri

A

ADALET (A) : Hakk'a riayet, eşit davranma, dengeli davranma, haksızlıkla mücadele.

ADİLE (A) : Adalet eden. Allah'ın emirlerini noksansız uygulayan. Doğru. Doğruluk gösteren. Adalet sahibi.

AFET (A) : Bela, musibet. Büyük felaket. Çok güzel kadın.

AFİFE (A) : Temiz. Güzel. Nezih. İffetli ve namuslu olan. Haramdan sakınan.

AFİTAP (F) : Güneş. Güzel. Güzel yüzlü kadın. Çok güzel yüz.

AFRA (A) : Beyazı kızıllığına galip olan geyik. Ayın 13. gecesi.

AFSUN (A) : Büyü, sihir, tılsım.

AFŞAR (T) : Avşar kabilesini meydana getiren Türkmenlerin adı.

AHSEN (A) : En güzel. Çok güzel.

AHU (A) : Ceylan. Gözleri çok güzel olan. Dilber. Mahbub. İnce, endamlı, ceylan gözlü güzel kadın.

AJDA (F)	: Düz olmayan, delik deşik.
ÂKİLE (A)	: Akıllı, zeki, kavrayışlı. Her şeyin en iyisi.
ALEV (T)	: Ateşten çıkan parlak ve yanar hava. Mızrak ucuna takılan küçük bayrak, flama.
ÂLİME (A)	: Bilen, bilgili. Çok okumuş. İlmiyle uğraşan. Aydın, her konuda bilgili.
ÂMİNE (A)	: Emin olan, kalbinde korku olmayan kadın. Peygamberimiz Hz. Muhammed'in (a.s.) öz annesinin adı.
ÂMİRE (A)	: Büyük memur. Emreden, iş gösteren.
ARMAĞAN (F)	: Karşılıksız verilen hediye, lütuf, ihsan, hatıra.
ARZU (F)	: İstek, dilek, meyil, emel, istenilen, beğenilen.
ASALET (A)	: Temiz soyluluk. Köklülük. Rüsuh. Metanet.
ASİYE (A)	: Kederli, hüzünlü. Sütun, kolon, direk.
ASLI (A)	: Bir tek. Başlangıç. Nizam. Soy, cins. Asıl.
ASLIHAN (A, T)	: Hükümdar soyundan gelen kadın.
ASUDE (F)	: Rahat, huzur içinde. Dinç. Müsterih. Sakin.
ASUMAN (F)	: Gökyüzü. Sema. Felek.
ASYA (YUN)	: Dünyadaki en büyük kıta.
AŞERE (A)	: 10 sayısı.
AŞKIN (T)	: İleri, üstün, seçkin.
ATIFET (A)	: Koruma, sevgi. Acıma, şefkat, esirgeme, karşılıksız sevgi.
ATİFE (A)	: Yüzünü çeviren, döndüren.

ATİYE (A)	: İsyan eden, kafa tutan. Asi, sert başlı.
AVNİYE (A)	: Yardımcı, yardım etmiş.
AYBALA (T)	: Ay gibi parlak, güzel kız.
AYBİLGE (T)	: Ay gibi parlak ve temiz genç kadın.
AYDAN (T)	: Uzun hurma ağaçları. Aya ait, ayla ilgili.
AYFER (F, T)	: Ay gibi ışıklı, ay gibi diri, ay gibi parlak yüzlü.
AYGEN (T)	: Temiz yaratılışlı, dost, arkadaş.
AYGÜL (F, T)	: Ayın gülü, ayçiçeği.
AYGÜN (T)	: Hem ay, hem güneş kadar gösterişli kadın.
AYLA (T)	: Ay ve güneşin etrafındaki, bazen görülen beyaz ışık çemberi.
AYLİN (T)	: Aya ait. Ayın parçası. Ayın etrafındaki ışık çemberi.
AYNUR (A, T)	: Ayın nuru, ayın ışığı.
AYSEL (T)	: Işığı çok olan dolunay. Ay gibi parlak.
AYSU (T)	: Ay gibi parlak ve su kadar temiz kişi.
AYSUN (T)	: Ay gibi güzel, parlak ışıklı olan.
AYŞE (A)	: Bolluk içinde, rahat yaşayan. Hz. Peygamber'in (a.s.) zevcesi ve müminlerin validesi, Hz. Ebubekir'in kızının ismi. Hayret edilecek derecede takva, iffet ve zekavet sahibesi olup, 2210 hadis-i şerif nakletmiştir. Hicretin 57. yılında vefat etmiştir.
AYŞEGÜL (A, F)	: Gül gibi hoşa giden, rahat yaşayan, değerli.
AYŞEN (T)	: Şen, neşeli, gülen.
AYŞENUR (A)	: Ayın nuru. Nurlu kadın.
AYTEN (F, T)	: Teni beyaz, lekesiz. Ay ışığı gibi duru vücutlu.
AYTÜL (T)	: Aydınlık rüya veya tül gibi ince, zarif.

AZİME (A) : Büyük iş, fevkalade ve çok önemli iş. Tılsım, efsun, sihir. Sebat. Verilmiş olan kararda katilik. Kastetmek, yemin etmek.

AZİZE (A) : İzzetli, sevgili. Çok nurlu. Ermiş. Manevi kuvvet ve kudret sahibi. Herkesin saygı duyduğu kadın. Hıristiyanlıkta kadın rahip.

AZMİYE (A) : Güçlü, kuvvetli, azimli. Niyet ve kesin karara ait olan.

AZRA (A) : Medine-i Münevvere'nin bir ismi. Sevgili. Mahbube. Delinmemiş inci. Üzerinde yürünmemiş kum. Hz. Meryem'in bir vasfı.

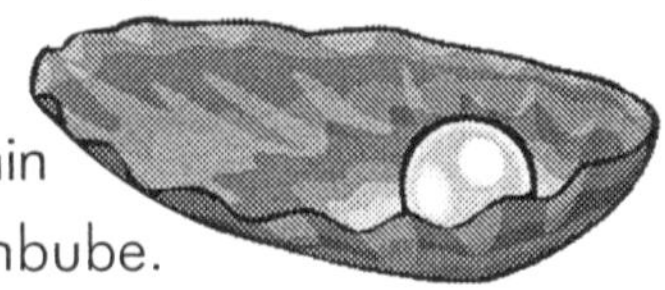

B

BADE (A) : Şarap, içki, kadeh.

BAHAR (F) : Güzellik, papatya. Put, sanem. Tarçın, karanfil ve karabiber gibi güzel kokulu şeyler. Kıştan sonra gelen mevsim.

BAHRİYE (A) : Donanmayla ilgili işler. Devletin donanma ve deniz askerleri.

BAHTIŞEN (F) : Şanslı, sevinçle dolu ,kısmeti bol olan.

BANU (F) : Kadın, hatun, hanım, gelin, prenses.

BAŞAK (T) : Hububatın tanelerini taşıyan uç kısmı. Ok veya mızrağın ucuna takılan demir.

BEDİA (A) : Nadide ve güzel. Yeni icat edilmiş şey. Beğenilen ve takdir edilen çok yeni şey.

BEDRİYE (A) : Ay gibi güzel kadın. Ayın on dördü gibi nurlu, üstün kadın.

BEGONYA (FR) : Etli ve güzel, renkli yaprakları olan güzel bir süs bitkisi.

BEGÜM (F) : Saygı gören prenses, kraliçe. Hint prenseslerine verilen unvan.

BAHANUR (F) : Kıymetli nur, değerli ışık.

BAHCET (A) : Sevinç, güler yüzlülük, güzellik, şirinlik.

BEHİCE (A) : Şen, güzel, güler yüzlü kadın.

BAHİRE (A) : Nefesi sıkışan, çok soluyan kimse.
Güzel kadın.
Soyluluk ve iyilikle ünlenmiş kadın.

BEHİYE (A) : Güler yüz. Güzel. Parlak, ince, alımlı kadın.

BEHRA (F) : Ondan dolayı, ona binaen, onun için.

BELGİN (T) : Alamet, nişan, belli olan, belirlenen.

BELİN (T) : Ürkek, korkak, şaşkın.

BELKIS (A) : Yemen'de kadın hükümdar. Süleyman Peygamber'in eşi. Saba melikesi olarak bilinir.

BELMA (F) : Faydasız, faydası olmayan iri ve kaba şey.

BERA (A) : Her ayın ilk ve son günü.

BERFİN (F) : Kar ile ilgili.

BERİA (A) : Güzellik ve olgunluğuyla dikkat çeken sevgili.

BERİL (YUN) : Zümrüt gibi bazı taşların bileşiminde bulunan bir element.

BERİRE (A) : İman ve ihsan sahibi, salih, sadık kişi.
Sahabenin kullandığı isimlerden biri.

BERNA (F) : Delikanlı, yiğit, genç.

BERRE (A) : Görevini yapan, sadıka, saliha, cömert.

BERRİN (F) : Ulu, büyük, yüksek.

BESİME (A) : Tebessüm eden, gülen, güler yüzlü kimse.

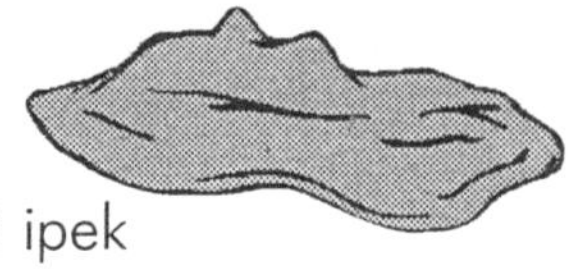

BESTE (F) : Bağlanmış, bitiştir ilmiş, bağlı. Kapalı, tutucu, donmuş. Bir nevi ipek kumaş. Müzikte şarkının makam ve ahengi.

BETÜL (A) : Erkekten kaçınan, namuslu kadın.

BEYDA (A) : Tehlikeli yer. Sahra, çöl. Mekke ile Medine arasında bulunan düz bir yer.

BEYHAN (T) : Hükümdarların en büyüğü. (A): Sır saklamayan, aklında ve kalbinde olanları söyleyen.

BEYHUDE (F) : Nafile, boşuna.

BEYZA (A) : Güzel yüzlü kadın. Kasaba, köy.

BİHTER (F) : En iyi, daha iyi. Emsallerinden üstün.

BİLGE (T) : Bilen, bilgi sahibi.

BİLGÜN (T) : İlmi derin, bilge, bilgin. Gününün en bilgilisi olan hanım.

BİLLUR (T) : Temiz, kristal, şeffaf.

BİNNAZ (T, F) : Çok nazlı, kendini naza çeken, Allah'a çok yalvaran, niyazda bulunan kadın.

BİNNUR (A, T) : Çok nurlu, her tarafı nurla dolu.

BİRGÜL (T, F) : Kıymetli, bir tane gül. Eşsiz, tek olan gül.

BİRSEN (T) : Yalnızca sen. Bir tek sen.

BUKET (FR) : Çiçek demeti.

BURCU (T) : Hoşa giden koku.

BURÇİN (T) : Dişi geyik.

BUSE (F) : Öpme, bürke, martı. Kurbağa. Havuz. Küçük göl.

BÜGE (T) : Su bendi.

BÜŞRA (A) : Müjde. Sevinçli, hayırlı haber. İncinin bir ismi.

C

CAHİDE (A)	: Elinden geldiğince çalışan, çabalayan, gayret eden.
CANAN (F)	: Sevgili, güzel. Canlar, ruhlar.
CANAY (T)	: Ay gibi temiz, saf ve parlak kişi.
CANDAN (T)	: Yürekten, içten, samimi.
CANSEL (F, T)	: Hayat veren. Gür su gibi ferahlatıcı, rahatlatıcı.
CANSEN	: Canlı, sevecen.
CANSU	: Su gibi cana can katan, canlılık veren. İyi huylu.
CAVİDAN (F)	: Sonu olmayan, sonsuz, daimi.
CELİLE (A)	: Celalet ve celadet sahibi. Ulu, yüce, büyük, sevilen kadın.
CEMİLE (A)	: Hoşa gitmek için yapılan hareket, cilve.
CEMRE (A)	: Şiddetli karanlık. Ateşli kömür parçası, kor. İlkbaharda suya, yere, havaya düştüğü söylenen sıcaklık. Hacıların Mina vadisinde şeytan taşlamaları.
CENNET (A)	: Allah'a inanan ve ona ibadet eden, itaat eden. Kur'an'a inanarak emir ve nehiyleri yerine getiren. Bütün müminlerin gidecekleri yer. Anadolulu erkekler tarafından hanımları bu isimle çağırılır.

CEREN (T) : Yavru ceylan. Ahu.
CEVRİYE (A) : Zulmeden; eziyet, haksızlık, eza, cefa eden. Haksızlığa uğrayan. Eza, cefa gören.
CEYDA (A) : Güzel, ince, zarif, uzun boylu kadın. Hayırlı, uğurlu kadın.
CEYHAN : Akdeniz'de dökülen ve adını Ceyhun'dan alan nehrimiz.
CEYLA : Geyik.
CEYLAN (A) : Geyik çeşidinden küçük ince bacaklı pek hafif ve koşucu bir kara hayvanı.

CEZMİYE (A) : Kesin kararlı. Niyet edip kafasına koyduğu işi kesinlikle yapan.
CİHANNUR (A, F) : Dünyayı ışıtan nur. Işık.
CÜVEYRİYE (A) : Küçük cariye. Peygamber efendimizin hanımlarından birinin adı.

Ç

ÇAĞLA (T) : Taze badem, erik, kayısı gibi yemişlerin yenilebilen, ham meyvesi.

ÇEŞMİNAZ (F) : Gözlerini nazla süzerek bakan, güzel gözlü kadın.

ÇİÇEK (T) : Bitkilerin renkli ve kokulu bölümü. Güzel görünümlü. Çiçek gibi hoş ve güzel olan. Fatih Sultan Mehmet'in hanımının adı.

ÇİĞDEM (T) : Zambakgillerden türlü renklerle çiçek açan bir tür kır bitkisi. Güzel görünümlü kadın.

ÇİLER (T) : Sesi ahenkli olup, bülbül ötüşü gibi şakıyan.

ÇOLPAN (T) : Gözü uzağı iyi gören. Zühre. Çoban yıldızı. Venüs.

D

DAMLA (T) : Pek az miktar sıvıdan ayrılıp düşen parça, katre.

DEFNE (YUN) : Akdeniz ve Karadeniz ikliminde yetişen yaprakları sert, üst yüzleri parlak, açık sarı, çiçekleri kokan bitki.

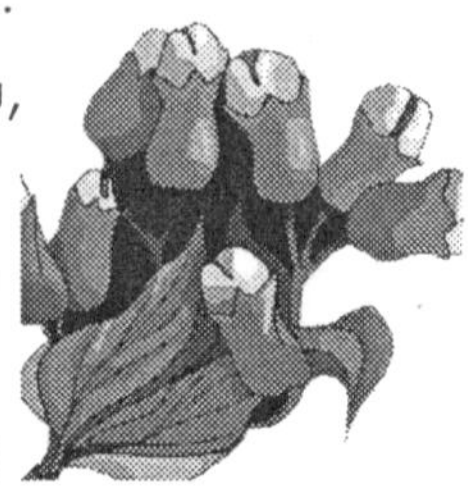

DEMET (YUN) : Bağlanmış çiçek topluluğu, ışık füzesi.

DENİZ (T) : Yeryüzünün dörtte üçünü kaplayan, engin, tuzlu su parçaları, derya. Gönlü zengin, kanaatkâr, varlıklı, her şeyi bol olan.

DERCAN (F) : Can içinde.

DEREN (T) : Hasat zamanı.

DERSU (T) : Bütün, tamamen.

DERYA (F) : Büyük nehir, deniz. Gönlü zengin, varlıklı ve her şeyi bol olan.

DERYAB (F) : Akıllı, anlayışlı, müdrik.

DERYAN (F) : Bilmek, ilim.

DESTE (T) : Demet, bağlanmış olma hali.

DİBA (F) : Atlastan dukunmuş ince, çiçekli ve değerli kumaş.

DİCLE (T) : Güneydoğu Anadolu'da bir ırmak.

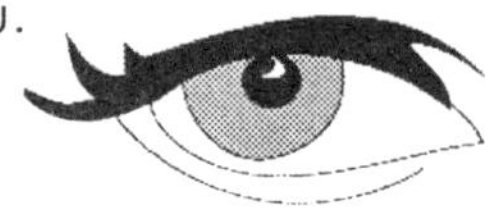

DİDE (F)	: Göz, gözbebeği. Gözcü. Bakış.
DİDEM (F)	: Gözüm, gözbebeğim. Taçlı güzel.
DİLAN	: Gönül alan, gönüller.
DİLARA (F)	: Gönül süsleyen, sevgili.
DİLAY (F)	: Gönlü aydınlatan, ferahlatan.
DİLBER (F)	: Gönül alan, kalbi çeken, güzel, sevgili.
DİLEK (T)	: Arzu, istek, temenni.
DİLHAN (F)	: İçten konuşan, gönülden söyleyen.
DİLRUBA (F)	: Gönül kapan, herkesi kendine âşık eden güzel, sevgili.
DİLŞAD (F)	: Gönlü hoş olan, yüreği şen olan.
DİLŞAH (F)	: Gönül padişahı, kalp sultanı.
DOĞA (T)	: Tabiat, dünya.
DÖNDÜ (T)	: Sürekli kız çocuğu olanların, kısmetlerinin erkeğe dönmesi için çocuklarına koydukları isim. Bekâr kız.
DÖNE (T)	: Borcuna sadık. Kendisini ziyaret edene iade-i ziyarette bulunan.
DUDU (T)	: Eskiden bayan, kadın, hanım sözlerine karşılık olarak kullanılan bir kelime.
DUYGU (T)	: Duyulan, hissedilen, işitilen şey. Herhangi bir şeyin insanın iç dünyasında uyandırdığı etki, bıraktığı iz.
DÜRDANE (F)	: İnci tanesi.
DÜRİYE (F)	: İnci gibi parlayan.

E

EBHAR (A) : Denizler.

EBRAR (A) : Hayır sahipleri, iyiler, dindarlar; özü sözü doğru olanlar, temiz ve takva sahipleri.

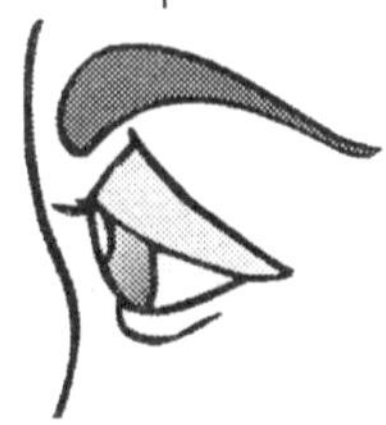

EBRU (F) : Kaş. Bir süsleme sanatı.

ECE (T) : Güzel kadın, kraliçe, ana.

ECEM (T) : Kraliçem, büyüğüm, anam.

ECMEL (A) : Çok güzel, en güzel. Şık.

EDA (A) : Cilve, naz, işve, kur. Sevimli, güzel.

EDİBE (A) : Terbiyeli, edepli, zarif, nazik. Edebiyatla uğraşan, edebiyatçı.

EFNAN (A) : Cinsler, neviler, çeşitler.

EFRAZ (F) : Kaldıran, yükselten, mümtaz.

EFRUZ (F) : Şule, parıltı, aydınlatıcı ışık anlamına gelir. Mecaz: Etrafa ışık saçan güzellikteki kişi.

EFSUN (F) : Büyü, sihir, üfürük, afsun.

EFŞAN (F) : Saçan, serpen, dağıtan, silken.

EHLİNAZ (A, F) : Naz ehli, nazlı, cilveli.

EKİM (T) : Ekme işi. Onuncu ay.

EKİN (T) : Tarlaya ekilmiş bitki.

ELA (T) : Sarıya çalan kestane rengi. Açık göz rengi. Mecaz: Gözü ela renkli olan dilber.

ELÇİN (T) : Demet, tutam. Halk ağzı: Ağustos böceği.

ELFİDA (A) : Feda etme.

ELİF (A)	:	Arap alfabesinin ilk harfi. Dost, yakın, ülfet olunan, istenilen, alışılan şey.
ELMAS (A)	:	Billurlaşmış, karbondan oluşan, sert, çok kıymetli parlak taş. Bu taşın en değerlileri "pırlanta" adını alır. Mecaz: Çok değerli ve kıymetli kişi.
ELVAN (A)	:	Renk kelimesinin çoğuludur. Rengarenk, alaca.
EMEL (A)	:	Şiddetli arzu, kuvvetli istek, ümit.
EMİNE (A)	:	Emin. Korku ve endişesi olmayan, rahatta olan, kendisine inanılan, itimat edilen, güvenilir kimse anlamına gelir. Hz. Muhammed'e (a.s.) gençlik yıllarında çevre halkı tarafından "emin" unvanı verilmiştir. Bu kelime Kur'an-ı Kerim'de 14 yerde geçmektedir. Müslümanların çok kullandıkları isimlerdendir.
EMİRE (A)	:	Kadın hükümdar. Güç ve otorite sembolü.
EMRİYE (A)	:	Emire ait. Emirlere uyan.
ENİSE (A)	:	Cana yakın, dost, arkadaş.
ERDEN (T)	:	Bakire. Süslü takı, mücevher demektir.
ERENAY (T)	:	Dolunay, ay yüzlü, olgun kız.
ERİBE (A)	:	Olgun, anlayışlı.
ERMA (A)	:	Cilveli, çok güzel.
ERVA (A)	:	Birine suyu içirip suya kandırmak. Resul-ü Ekrem'in (a.s.) halalarından olan çok cesur bir sahabenin adı.

ESEN (T) : Sağlam, sağlıklı. Mutlu, huzurlu, rahat, zeki, akıllı.

ESENGÜL (T) : Canlı renkleriyle tam açmış, diri ve güzel gül.

ESER (A) : İz, işaret, yapıt.

ESİN (T) : Yavaş ve tatlı esinti. Sabah rüzgârı. Çağrışım. Duygu. İlham.

ESMA (A) : Adlar, isimler, namlar. Hz. Ebubekir'in muhterem kerimelerinin adı. Sahabenin kullandığı isimlerden. İşitme.

ESMERAY (A, T) : Ay yüzlü esmer, esmer güzeli.

ESRA (A) : Çok seri, çok süratli, çabuk. Esir, kul, köleler. Kur'an-ı Kerim'de İsra ve Enfal surelerinde geçmektedir.

EVİN (T) : Tohum, tane. Cevher. Buğday tanesinin özü.

EVLA (A) : Daha uygun, daha layık, daha iyi, üstün.

EVRA (F) : Hisar.

EYLEM (T) : Belli bir amaçla yapılan planlı hareket. Çok hareketli, cevval.

EYLÜL (T) : Sonbaharın ilk ayı.

EYSA (A) : Say, Hacda Merve ve Sefa arasında yapılan yürüyüş.

EZFER (A) : Güzel kokulu.

EZGİ (T) : Müzik namesi, melodi, makamla söylenen manzum söz. Belli musiki kurallarına uygun olarak yapılan ve insanda haz uyandıran ses dizisi. Beste. Türkü. Tempo, tarz.

EZRA (A) : Pek fasih, sözü düzgün kişi.

F

FADİME (A) : Fatıma isminin değişik şekilde söyleniş biçimidir.

FAHRİYYE (A) : Faziletli, erdemli, onurlu, şan ve şeref sahibi, kendisiyle övünmeye layık kimse.

FAHRUNNİSA (A) : Kadınların fahri, hanımların övünülecek kişisi, kadınların faziletlisi.

FAİKA (A) : Manevi olarak üstün olan, fevkinde olan, başkalarından ileri, akranları içinde her cihetten faik olan.

FAKİHE (A) : Din ilminin üstadı, zeki, anlayışlı kimse, fıkıh bilgini. Hazla yenilen meyve, yemiş.

FATİMA (A) : Sütten kesilmiş. Kendisi ve zürriyeti cehennem ateşinden kurtulmuş. Hz. Muhammed'in (a.s.)kızının adıdır.

FAZİLET (A) : Erdem, insanın yaratılışındaki iyilik, değer, meziyet, ilim, iman, irfan itibarı ile olan yüksek derece demektir.

FEHİME (A) : Anlama, idrak etme, anlayış, izan. Akıllı, anlayışlı.

FEHMİYE (A) : Anlayışlı, zeki, akıllı, çabuk kavrayan.

FERAH (F) : Bol, geniş, yayvan, açık, gönül açıklığı, sevinç, gönlü şenlendiren anlamlarına gelir.

FERAHNA (A, F) : Bolluk, genişlik.

FERASET (A) : Anlama, kavrama, sezme kabiliyeti.

FERAY (F, T) : Aydınlık, parlak ay, canlılık, süs, ziynet anlamlarına gelir.

FERDA (F) : Yarın, âti, gelecek zaman. Ahiret, öbür dünya, kıyamet.

FERDANE (F) : Tekli, yalnız, biricik, eşi ve benzeri olmayan.

FERDİYE (A) : Tek ve eşsiz olan, tek şey. Fertle ilgisi olan.

FERHUNDE (F) : Mübarek, kutlu, uğurlu, mutlu, mesut, saadetli.

FERİDE (A) : Kendi iradesiyle hareket eden. Gururlu, kibirli kimse.

FERİHA (A) : Sevinçli, rahat.

FERZAN (F) : İlim ve hikmet, bilgi.

FETHİYE (A) : Fethe mensup, fetih ile ilgili. Bir yeri fetheden kişi.

FEVZİYE (A) : Galip gelen, üstün olan, selamette olan, kurtuluşa erenî korkulardan, acılardan kurtulup muradına eren.

FEYZA (A) : Suyun taşıp akması. İlim, irfan, çokluk, bolluk, verimlilik, ilerleme, çoğalma. Feyz ile dolu olan.

FİDAN (T) : Yeni yetişen ağaççık. Başka bir yere dikilmek üzere sık olarak dikilmiş küçük ağaç. Düz, eğri büğrü olmayan ağaç.

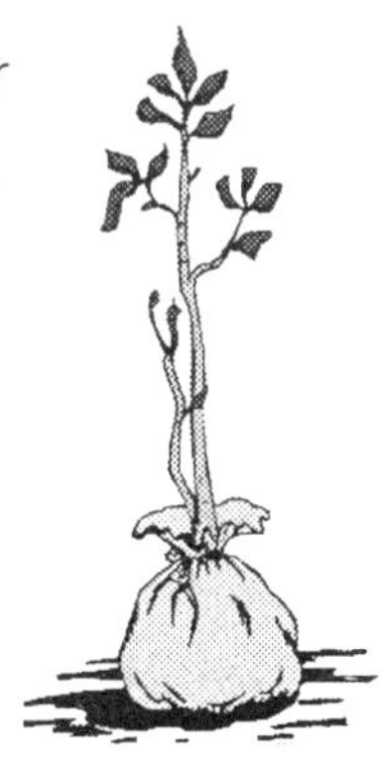

FİGEN (F) : Yıkıcı, atıcı, düşürücü.

FİKRİYE (A) : Düşünülerek meydana getirilen şey. Düşünceyle alakalı. Düşünceli, fikre ait, fikirle ilgili.

FİLİZ (A) : Aslen Rumcadan gelen bu kelime arıtılıp temizlenmemiş olan altın, gümüş, bakır, demir gibi ham maden, külçe demektir. Ağacın kökünden süren taze dalcıklar, taze fidan anlamına gelir. Mecaz: İnce, taze ve güzel vücutlu şahıs.

FİRDEVS (A) : Cennetin en şerefli, en güzel ve en yüksek yeri, hayatta iyiliği emir ve fenalığı neyhetmiş olanların yani "emri bil ma'ruf, nehyi anil münker" yapanların varacakları ahiret mekânı anlamındadır. Bu kelime Kur'an-ı Kerim'de Kehf ve Mümine surelerinde geçer. Cennet bahçesi anlamına gelir.

FİRUZE (F) : Gök mavisinden yeşilimsi maviye kadar değişen renklerde donuk ve değerli bir taş.

FİTNAT (A) : Zihin açıklığı, çabuk kavrayan, anlayışlı olan.

FULYA (İ) : Güze kokulu, çiçekleri olan bir bitki. Nergisgillerden sarı renkte çiçeği keskin ve güzel kokulu bir bitki.

FUNDA (T) : Kurak yerlerde yetişen ve birçok çeşidi olan çalı ormanı, çalılık.

FÜRUZAN (F) : Parlak, parlayan, nurlu, aydınlık.

FÜSUN (F) : Sihirleyici, büyüleyici, şaşırtıcı güzelliğe sahip, hayret verici güzellikte olan.

G

GALİBE (A) : Üstün gelen, yenen, galebe eden, mağlup eden anlamına gelir.

GAMZE (A) : Yan bakış, göz süzme, göz süzerek bakma. Gülümserken yanakta beliren çukurluk. Çene çukurluğu.

GANİMET (A) : Çalışmaksızın, tesadüfen elde edilen şey, emek, emeksiz kazanç, düşmandan alınan mal, savaşta askerin kılıç hakkı olarak düşmandan ele geçirdiği mal, para veya esir. Hesapta olmayan kazanç, tesadüfî ve faydalı durum.

GAYE (A) : Maksat, hedef, netice, son, sonuç.

GİZEM (T) : Sır karşılığı olarak kullanılan bir kelime. Aklın erişemediği, açıklanamayan, sır.

GONCA (F) : Tomurcuk, henüz açmamış gül. Mecaz: Sevgilinin ağzı.

GÖKÇE (T) : Latif, güzel, sevimli, gökle ilgili, semavi, mavimsi, gösterişli. Azerbaycan'da bir göl adı.

GÖKSEL (T) : Semavi, gökçül kelimelerinin karşılığı olarak kullanılan, kaideye aykırı uydurma bir kelimedir.

GÖKSU (T) : Türkiye'nin çeşitli yerlerinde bulunan akarsuların ortak adı. Seyhan nehrinin iki önemli kolundan biri.

GÖNÜL (T) : Kalp, eğilim, sevgi, arzu, heyecan gibi duyguların bulunduğu sanılan yer. Tasavvufta Allah için çarpan kalp.

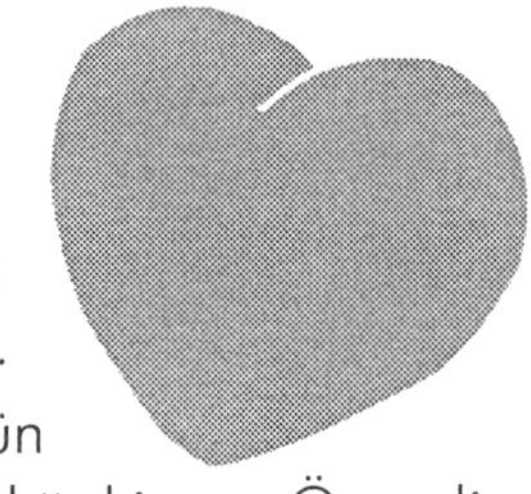

GÖZDE (T) : Göze girmiş, bir büyüğün sevip beğendiği, kayırdığı kimse. Önemli birinin (padişah, hakan, kral gibi) beğendiği ve eş olarak seçtiği kadın.

GÜHER (F) : Cevher, cevahir, inci, soy, sop, evlat.

GÜL (F) : Küçük ve dikenli bir ağaç olup, şeklinin ve kokusunun güzelliğiyle meşhurdur. Çeşit bakımından 7-8 bine kadar varan değişik türleri vardır. Peygamberimiz'in (a.s.) sevdiği çiçek.

GÜLAY (T) : Gül ayı demektir. Güllerin açtığı mayıs ayında doğan çoçuklara bu ad verilir. Ay ve gül gibi güzel.

GÜLAFET (F) : Nefes kesen güzellikte olan.

GÜLBAHAR (F) : Baharın gülü.

GÜLBANU (F) : Gül gibi güzel hanım, gül hatun demektir.

GÜLBEN (F) : Benleri güle ben zeyen güzel kadın.

GÜLBERK (F) : Gülün yaprağı.

GÜLBEYAZ (F) : Beyaz renkli gül veya gül gibi güzel ve tertemiz.

GÜLBİZ (F) : Gül serpen, gül saçan anlamına gelir.

GÜLCAN (F) : Sevimli, gül gibi güzel kadın.

GÜLCİHAN (T) : Cihana, âleme bedel gül demektir.

GÜLÇİÇEK (F) : Gül kelimesiyle çiçek kelimesinin birleşmesinden meydana gelmiştir. Sultan Yıldırım Bayezid Han'ın annesinin adı.

GÜLÇİN (F) : Gül toplayan, gül deren, gül devşiren.

GÜLDANE (F) : Gül tanesi anlamına gelir.

GÜLDEM (F) : Gül mevsimi.

GÜLDEREN (F, T) : Gül toplayan, gül devşiren.

GÜLDESTE (F) : Gül destesi, gül demet.

GÜLENAY (T) : Devamlı gülen, ay yüzlü kişi.

GÜLENDAM (F) : Gül endamlı, gül boylu, gül gibi narin, güzel vücutlu.

GÜLER (T) : Gülen, sevinçli, handan.

GÜLFAM (F) : Gül renkli, pembe.

GÜLFEM (F) : Gül ağızlı, ağzı gül gibi olan demektir. Kanuni Sultan Süleyman Han'ın hanımının adı.

GÜLFİDAN (F) : Gül fidanı gibi ince ve zarif olan.

GÜLHANIM (F, T) : İyi huylu, nazik hanım, gül yüzlü hanım.

GÜLHAYAT (F, A) : Hayatı gül gibi güzel ve tatlı olan demektir.

GÜLİSTAN (F) : Gül bahçesi, güllük.

GÜLİZAR (F) : Gül yanaklı, al yanaklı anlamına gelir. Türk musikisinde mürekkep bir makamın adı.

GÜLLÜ (F) : Gülü olan, gül sahibi, gül desenli.

GÜLNAZ (F) : Gül gibi güzel, narin ve nazlı.

GÜLNİHAL (F) : Gül fidanı, gül ağacı.

GÜLNİSA (F, A) : Gül ve nisa kelimelerinin birleşmesinden meydana gelmiştir. Gül gibi güzel kadın.

GÜLNUR (F, A) : Etrafına ışık saçan gül, etrafını aydınlatan gül gibi nazik ve güzel olan kişi.

GÜLRUH (F) : Gül yanaklı, yanakları gül gibi al olan demektir. İkinci Bayezid'in hanımının adı.

GÜLRIZ (F) : Gül serpen.

GÜLSEREN (T) : Etrafına güzellik saçan her tarafa gül gibi koku ve güzellik yayan demektir.

GÜLSEVEN (T) : Gül tutkunu, gülü çok seven.

GÜLSEVİL (T) : Gül gibi sevil, herkes seni beğensin.

GÜLSEVİM (T) : Sevimli, güzel, hoş görünüşlü gül.

GÜLSİMA (F, A) : Gül yüzlü, gül simalı.

GÜLSU (T) : Gül ve su gibi temiz, güzel ve şirin olan.

GÜLSUNA (T) : Gül gibi çekici, güzel sevgili.

GÜLSÜM (A) : Yanakları ve yüzü dolgun. Kays kabilesinden Müslüman bir Arap kumandanının adıdır. Aslında erkek adı olmasına rağmen Peygamberimiz'in (a.s.) Ümmü Gülsüm (Gülsüm'ün annesi) isminde bir kız çocukları olduğu için "Gülsüm" isminin de kız ismi olarak kullanıldığını görmekteyiz.

GÜLSÜN (T) : Daima gülsün, yaşadığı müddetçe dert ve sıkıntı görmesin.

GÜLŞAH (F) : Güllerin şahı, güllerin padişahı. Varaka'nın sevgilisi, bir masal kahramanının adı.

GÜLŞEN (F) : Gül bahçesi.

GÜLTAÇ (F) : Gül taçlı.

GÜLTANE (T) : Yeni açmış gül, gonca. Gül tanesi.

GÜLTEN (F) : Gül tenli, gül vücutlu, gül gibi latif ve nazik vücutlu olan.

GÜLZADE (F) : Gül evladı.

GÜLZAR (F) : Gül bahçesi, gül tarlası. Gül yanaklı.

GÜNAY (T) : Gündüz, gün aydınlığında ay.

GÜNBAY (T) : Zengin, başarılarla dolu gün, günün adamı, erkeği.

GÜNER (T) : Günün erken zamanı, fecir.

GÜNNAZ (T, F) : Gün ile naz kelimesinin birleşmesinden meydana gelmiştir.

GÜZİDE (F) : Beğenilmiş, seçilmiş, seçkin.

GÜZİN (F) : Seçen, seçilmiş, seçkin, beğenilmiş, seçici.

H

HABİBE (A) : Sevgili, sevilen, seven dost. Sahabe isimlerindendir.

HACCE (A) : Hacca giden, Kâbe'yi ziyaret eden, hacı kadın.

HACER (A) : Kaya, taş. Hz. İsmail'in annesinin adı.

HADİYE (A) : Hidayet eden, doğru yolu gösteren. İstediği kulunu hayırlı ve kârlı yollara muvaffak kılan, muradına erdiren Cenab-ı Allah. Rehber, kılavuz, önder.

HAFİZE (A) : Kur'an-ı Kerim'i ezbere bilen, muhafaza eden.

HAFSA (A) : Dişi sırtlan. Biriktirme, toplama. Peygamberimiz Hz. Muhammed'in (a.s.) zevcelerinden biri ve Hz. Ömer'in (r.a.) kızıdır.

HALE (A) : Ay ve güneşin etrafında görünen ışıklı halka. Hz. Muhammed'in (a.s.) hanımı Hz. Hatice'nin kız kardeşinin adı.

HALİDE (A) : Sonsuz, daimi, ebedi, ölümsüz, yaşlı fakat dinç. Kolay yıpranmayan, yaşından küçük görünen.

HALİME (A) : Hoş muamele yapan, yumuşak huylu, sakin yaratılışlı. Bu kelime Kur'an-ı Kerim'de Allah'ın ve peygamberin sıfatı olarak 15 yerde geçmektedir. Aynı zamanda Resul-ü Ekrem'in (a.s.) süt annesinin ismi.

HALİSE (A) : Hilesiz, katkısız, saf, açık, temiz, berrak, arı, duru, her ameli yalnız Allah rızası için işleyen.

HAMDİYE (A) : Hamdeden, Allah'a karşı şükreden, Allah'a hamdeden.

HAMİDE (F) : Allah'a şükreden, hamdeden.

HAMİYE (A) : Koruyan, himaye eden, koruyucu, arka çıkan, gözeten.

HAMİYET (A) : Fazilet, insanlık, millî onur ve haysiyet, vatanseverlik.

HANDAN (F) : Mutlu, güler yüzlü, sevimli, mesrur.

HANDE (F) : Gülüş, gülme, alay etme. Açılış, açılma.

HANİM (T) : Bayan, kadın. Han, padişah, hükümdar anlamına gelir.

HANİFE (A) : Hanif olan, tevhid inancına bağlı. İlmiyle âmil olan kimse.

HANSA (A) : Arapların en büyük kadın şairinin adı. Müslüman olup sahabe olma şerefine ermiştir.

HARE (F) : Sert taş, kaya. Bazı cisimlerin ve eşyaların üzerinde görülen damar damar dalgalı çizgiler, meneviş. Dalgalı kumaş.

HARİKA (A) : Her zaman rastlanmayan. Olağanüstü vasıflar taşıyan ve hayranlık hissi uyandıran.

HASBİYE (A) : İsteyerek ve karşılık beklemeden, gönülden; fahri, Allah aşkına, pir aşkına. Sebepsiz.

HASENE (A) : Güzellik, hayırlı iş, iyi hal, iyilik, Allah rızasına çok uygun iş. Eski altın paralardan biri.

HASGÜL (A, F) : Hakiki gül, gerçek gül.

HASHANIM (A, T): İnce, narin kadın. Bilge, değerli kadın.

HASİBE (A) : Değerli, itibarlı, soylu, soyu temiz, muhterem kişi. Şahsî meziyet sahibi olan. Eli açık, cömert, asil, itibarlı kadın.

HASNA (A) : Çok fazlasıyla kendini haramdan saklayan kadın. İffetli ve çok namuslu kadın. Güzel kadın.

HASRET (A) : Özlem, iştiyak. Bir kimseyi, bir şeyi göreceği gelmek. Elden kaçan veya elde edilemeyen şeyin doğurduğu üzüntü, iç çekme, inleme, iç sıkıntısı, keder, zahmet.

HAŞİME (A) : Ezen, yaran, kıran, parçalayan, kuru ekmek kırıntısı doğrayan. Hürmet ve ikram eden.

HATİCE (A) : Erken doğan kız, vaktinden önce doğan çocuk. Fetva metinlerinde kadını temsil eden umumi isimlerden birisi. Hz. Muhammed'in (a.s.) ilk eşi ve mümin lerin annesi. 24 sene bütün varlığıyla ve mülküyle Peygamber Efendimiz'e hizmet etmiş ve Peygamber'e ilk iman etmiştir.

HATUN (F) : Öz Türkçe kadın kelimesinin Arapça karşılığı olarak kullanılmıştır. Türklerde bu kelime kibar kadın olarak kullanılmıştır. Yüksek şahsiyetli kadınlara veya hakan eşlerine verilen ünvandır.

HAVVA (A) : Esmer kadın. Hz.Adem'in eşi.

HAYAL (A) : İnsanın zihninde canlandırdığı şey. Bir olay veya eşyanın zihninde kalan izi. Gerçekte olmadığı halde görüldüğü sanılan şey, görüntü. Halet. Tam olarak belirmeyen şekil. Eşyanın bir yere yansıyan şekli. Vehim, kuruntu. Tasvirlerin gölgelerini perdeye aksettirtmek suretiyle yapılan oyun, karagöz oyunu.

HAYAT (A) : Yaşam, dirlik, canlılık, doğumdan ölüme kadar geçen süre, dünya hayatı. Ölümden sonraki süre, ahiret hayatı.

HAYATFEZÂ (F) : Hayat artıran.

HAYME (A) : Çadır.

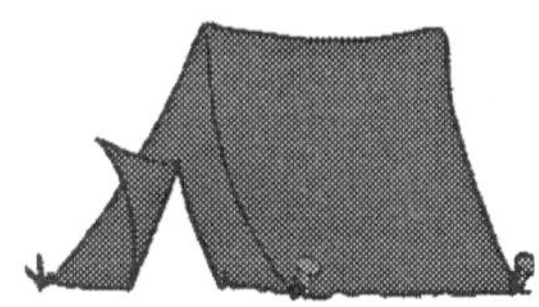

HAYRET (A) : Şaşma, şaşırma, şaşakalma, ne yapacağını bilmeme anlamına gelir. Hiçbir cihete teveccüh edemeyip kalmak.

HAYRİYE (A) : İyilik sever, hayırsever. Hayra ait, hayırla alâkadar.

HAYRÜNİSSA (A) : Kadınların hayırlısı.

HAZAL (A) : Kuruyup, dökülen ağaç yaprakları. Selem ağacının kökünden çıkan ve suyla ıslatılarak yenen bir nesne.

HAZAN (F) : Sonbahar, güz.

HESNA (A) : Hanım kadın, güzel kadın.

HİCRAN (A) : Ayrıklı, firak, ayrılığın verdiği unutulmaz acı, keder, iç acısı. Uzaklaşmak, dostluğu ve ülfeti kesmek.

HİDAYET (A)	: Allah'ın ilhamı ile doğru yolu bulmak. Dalaletten ve batıl yoldan uzaklaşmak.
HİLAL (A)	: Safi ve halis. Sıdk ile dostluk etmek. Ara, aralık. Zaman ve vakit. İki şey arasına sokulmuş olan. Buluttan yağ murun çıktığı yer. Sahabe-i Kiram'dan bu ismi kullananlar olmuştur.
HİLYE (A)	: Süs, bezek, ziynet, cevher. Güzel sıfatlar. Güzel yüz. Hz. Muhammed'in mübarek vasıflarını ve güzelliklerini anlatan manzum veya mensur eser. Bir yazı stili anlamınada gelir.
HİND (A)	: Hindistan'ın kısa adı. Asr-ı Saadette Hz. Hamza'nın ciğerlerini yiyen kadın, Ebu Süfyan'ın karısı. Sahabe'nin çok kullandığı isimler dendir. Fetva kita plarında kadını temsil etmek üzere kullanılır.
HUNDE (A)	: Sessizlik.
HURİ (A)	: Cennet kızı.
HURİYE (A)	: Melekle ilgili, huri gibi olan. Cennet hurisine benzeyen.
HURREM (F)	: Gözde, güleryüzlü, ferahlık veren, şen, sevinçli. Taze ve hoş.
HÜLYA (A)	: Kuruntu, düşünme. Hayal, vehim. Olmayan bir şeyi düşünerek yaşamak.
HÜMEYRA (A)	: Pembecik. Beyaz tenli kadın.
HÜNER (F)	: Beceriklilik, marifet, maharet, ustalık.

HÜRMÜZ (F) : Zerdüşt dininde hayır ve iyilik Tanrısı. Eski İran takviminde güneş yılının ilk günü, Jüpiter gezegeninin adı.

HÜSNA (A) : Güzel, güzellik ameli, Salih, pek güzel. Cennet. Cenab-ı Hakk'ı görmek ve O'na iman ve ubudiyetle şereflenmek.

HÜSNİYE (A) : Güzelliğe dair. Çok güzel kadın.

HÜVEYDA (F) : Açık, apaçık belli olan, aşikâr.

I

IĞIL (T) : Sessiz, yavaş, sakin su akıntısı.

ILGIN (T) : Çit olarak aydınlatmada kullanılan ağaççık.

IRMAK (T) : Dere, çay gibi akarsuların en büyüğü.

IŞIK (T) : Cisimleri görmemize yardım eden fiziksel erke, ziya. Bir yeri aydınlatmada kullanılan araç.

IŞIL (T) : Canlı ve parlak, ışık gibi güzel olan. Parıltı, aydınlık.

IŞILAY (T) : Ay ışığı, ay gibi güzel olan dilber.

ITIR (A) : Güzel, hoş kokulu bir bitki.

İ

İCLAL (A) : Kudretli, büyüklük. Büyültme, saygı gösterme, ikram ve kuvvet.

İDİL (T) : Bir Oğuz boyu. Kır hayatını konu edinen şiir veya yazı. Küçük ve şairâne resim. İçten ve saf aşk.

İFAKAT (A) : İyileşme, ayılma. Hatanın iyi olması.

İFFET (T) : Namusluluk, ahlak kurallarına bağlılık. Helâle razı olup haramdan kaçınma.

İKBAL (A) : Talih açıklılığı. Birine doğru dönme. Arzu, istek.

İKRİME (A) : Kerem sahibi, cömertlik yapan.

İLBİKE (T) : Beyin hanımı, seçkin ve saygıdeğer kadın.

İLDE (T) : Pişmanlık duyan.

İLRAM (A) : Hürmet, saygı gösterme. Ağırlama. Bir şeyi hediye, armağan olarak verme.

İLKNAZ (T) : İlk nazlı demektir. Genellikle ilk doğan kız çocuklarına isim olarak verilir.

İLKNUR (T) : İlk gelen ışık, ilk doğan nur.

İLMİYE (A) : İlme ait, ilme mensup, ilimle ilgili.

İLKBAL (A) : İlk doğan kız çocuğu.

İMGE (T) : Hayal, düş, görüntü.

İNAYET (A) : Yardım, lütuf, medet etmek. Önemli bir işle karşılaşıp onunla meşgul olmak.

İNCİ (T) : İstiridye cinsinden hayvanların içinden çıkan çok değerli, yuvarlak, sert bir süs taşı.

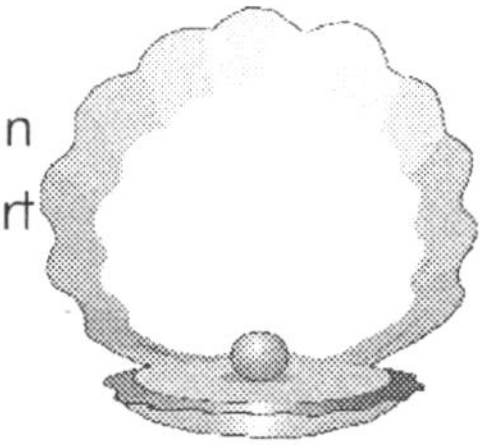

İNCİLA (A) : Parlaklık, ışık.

İPEK (T) : İpekböceği kozalarından elde edilen, çok ince, parlak iplik ve bu iplikten elde edilen kumaş. İnce, nazik, yumuşak, kibar kişi.

İREM (A) : Cennet bahçesi. Ok veya kurşun atılan nişan tahtası.

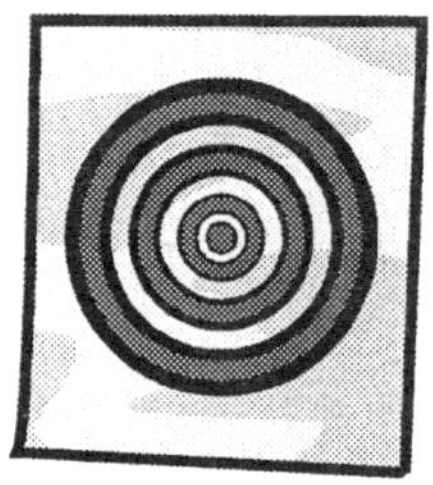

İRMEGÂN (F) : Terbiye eden, mutluluk.

İRVA (A) : Suya kandırma, sulama.

İSMET (A) : Günahsızlık, temizlik, haramdan sakınan, namusa dokunur hallerden kaçınan.

İSMİHAN (A) : Hükümdar ismi, padişah ismi, han ismi.

İSMİNAZ (A) : Naz ismi. Çok nazlı olan.

İTİL (A) : İdil (Volga) nehri. Uysal.

İZEM (A) : Büyüklük, ululuk.

J

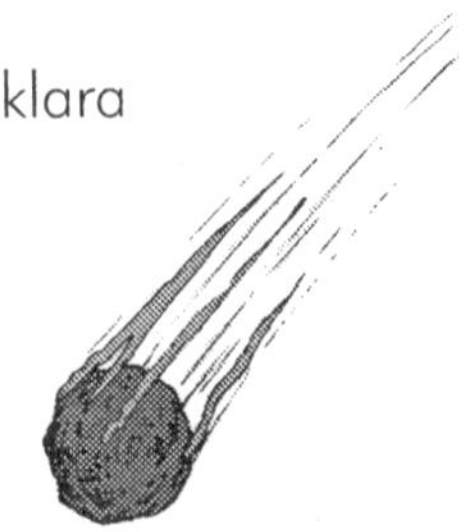

JALE (F) : Çiy, kırağı, su damlası, yapraklara konan ince dem.

JALEDAR (F) : Üzerine çiy düşmüş.

JALENUR (F) : Çiy, kırağı, parlayan.

JENGAR (F) : Göktaşı.

JULİDE (F) : Karışık, dağınık, perişan. Çoğu zaman saçı karışık olanlara unvan olarak verilir.

K

KADER (A) : Alınyazısı. Allah'ın bütün yarattıkları için hüküm ve irade ettiği hallerin oluş şekli. Talih, baht. Güç, kuvvet anlamlarında da kullanılır.

KADİN (T) : Eski Türkçede emretmek demek olan "kadman"dan gelmektedir. Yetişkin dişi insan. Evlenmiş kadın.

KADİFE (A) : Yüzü ince ve sık tüylü, parlak ve yumuşak bir kumaş çeşidi.

KADRİYE (A) : Değerli. Kadir gecesi doğan kız çocuğu.

KAFİYE (A) : Şiirde mısra sonundaki ses uyumluluğu.

KAMELYA (A) : Yaban gülü. Çaygillerden bir ağaç ve bu ağacın sarımsı, kırmızımsı büyük ve güzel çiçeği. Çin gülü, Japon gülü.

KAMER (A) : Ay, mah. Ay gibi güzel kadın.

KÂMİLE (A) : Olgun, terbiyeli. Noksansız, eksiksiz, tam, kusursuz, bütün.

KARANFİL (Y) : Ensiz, sivri yapraklı, düğüm düğüm, ince saplı. 300'e yakın çeşidi bulunan bir bitki.

KÂRDİDE (F) : İş bilir, uyanık, tecrübeli.

KARMEN (F) : Parlak, kırmızı renk.

KATRE (A) : Damla, damlayan şey.

KEBİRE (A) : Yetişkin kız çocuğu, yetişkin, ulu kadın. Pek büyük, çok büyük, göklerde ve yerlerde eşsiz, tek tek büyük.

KERİME (A) : Kız evlat, hoşgörü ehli, cömert.

KERİMAN (A) : Cömert.

KEVSER (A) : Maddi ve manevi çokluk, üstünlük, hayırlılık. Cennet ırmaklarının kaynağı.

KEYYİSE (A) : Akıllı, anlayışlı, ince, zarif, kibar, kiyasetli.

KEZBAN (F) : Evini ve kocasını yöneten kadın. Ev kadını, hane kadını.

KİSMET (A) : Nasip, kazanç, kader talihi. Kadere razı olma.

KİBARİYE (A) : Kibirli, şık, görgülü, terbiyeli. Büyüklüğe mensup, ululukla ilgili, ince ve nazik yapılı kadın.

KİRAZ (T) : Yapraklanmadan önce çiçek açan, düz kabuklu ağaç ve bu ağacın yuvarlak, sulu ve tek çekirdekli yemişi.

KUMRU (F) : Güvercine benzeyen, gerdanında siyah bir daire bulunan bir kuş türünün adı.

KÜBRA (A) : Çok büyük, en büyük, ulu, yüce.

L

LAÇİN (T) : Bir cins şahin kuşu. Sarp, yalçın. Cüretli, şiddetli.

LÂCEREM (A) : Elbette, öyledir, şüphesiz.

LALE (F) : Bir tür çiçek. Osmanlılar'da çok itibar gördüğü bir devre adını vermiştir.

LALEZAR (F) : Lale bahçesi, lale yetişen yer, lalelik.

LAMİA

LAMİHA (A) : Parlak, parıldayan, parlayan.

LÂNE (F) : Ev, yuva.

LATİFE (A) : Güzel, tuhaf, güldürücü söz. Yumuşak, hoş, güzel, nazik, mülayim, şirin.

LAVANTA (T) : Lavanta çiçeğinden elde edilen güzel koku.

LEBİBE (A) : Akıllı, anlayışlı.

LEMA (A) : Parıltı.

LEMAN (A) : Parıltı, parlama. Güneş ve yıldız gibi parlayan.

LERZAN (F) : Titrek, ürkek, titreyen, korkak,ürkek.

LETAFET (A) : Nezaket, güzellik, latiflik, hoşluk, naziklik, yumuşaklık.

LEYAN (A, F) : Konforlu, lüks hayat anlamına gelir. Aynı kelime Farsça'da da; parlayan, parlayıcı anlamlarına gelir.

LEYLA (A) : Çok karanlık ve uzun gece. Leyla ile Mecnun hikâyesinin kadın kahramanının adı.

LEYLAK (T) : Mor ve beyaz renkli, salkımlı bir çiçek.

LEZZA (A) : Yakıcı ateş, cehennem.

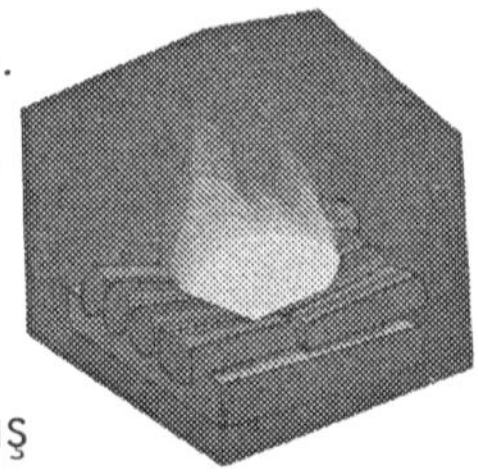

LÜTFİYE (A) : İyi davranış, eli açıklık. Hoşluk ve güzellik sahibi, iyi muamele eden, iyilik sever, bağış ve cömertlikle ilgili olan.

M

MACİDE (A) : İyi ahlaklı olan kişi. Şan ve şerefi büyük, yüce, çok şerefli, hoş, kerem sahibi, semahatı bol, cömertliği çok, nazik meşrep.

MAHBUBE (A) : Muhabbet olunmuş, sevilmiş, sevilen, sevgili.

MAHİRE (A) : Becerikli kadın. Maharetli, hünerli, becerikli, elinden iş gelen, sanatkâr.

MAHİZAR (F) : İnleyen ay. Sarı, altın renginde ay.

MAHLİKA (F) : Ay yüzlü güzel.

MAHMURE (A) : Süzgün, dalgın bakışlı.

MAHRA (A) : Elverişli, uygun şey, değerli kimse.

MAHSUNE (A) : Çevrilmiş, kuşatılmış, sarılmış.

MAİDE (A) : Ziyafet, üzerinde yemek bulunan sofra.

MAKBULE (A) : Kabul olunan, geçerli sayılan.

MAKSUDE (A) : Arzu edilen.

MALİKE (A) : Sahip, bir şeye sahip, bir şeyin mülkiyetini elinde tutan, her şeyin sahibi olan Cenab-ı Hakk anlamına gelir. Cehennem zebanilerini idare eden meleğin adı. Sahabenin kullandığı bir isim.

MA'MURE (A) : Harap olmayan, sağlam ve bakımlı, bayındır. Meskun, oturulan yer. Şehir, kasaba anlamlarına gelir.

MANOLYA (FR) : Bir çiçek.

MANSURE (A) : Allah'ın yardımı ile üstün gelen.

MARAL (T) : Dişi ceylan.

MARUFE (A) : Herkesçe bilinen, tanınmış, belli, meşhur, ünlü. Bu kelime Kur'an-ı Kerim'de 39 yerde geçmektedir.

MASUME (A) : Suçsuz, kabahatsiz, günahsız.

MAŞUKA (A) : Sevilen, sevilmiş, aşk ile sevilen, sevgili.

MATLUBE (A) : Talep edilen, istenilen, aranılan şey. Türk musikisinde mürekkep bir makamın adı olup, zamanımızda bir örneği kalmamıştır.

MAVERA (A) : Ard, geri, bir şeyin ötesinde, arkasında bulunan. Görülen, yaşanan âlemin ötesi.

MAYDA (T) : Ufak, narin, ince yapılı.

MAZLUME (A) : Zulüm görmüş, kendisine zulmedilen kişi. Halim-selim, sakin, sessiz, uysal kişi.

MEBRURE (A) : Hayırlı, beğenilmiş, yararlı.

MEDİDE (A) : Çok uzun süren.

MEDİHA (A) : Övülmeye değer şahıs.

MEFAHİR (A) : İftihar edilecek, övünülecek şeyler.

MEFHARET (A) : Övünç, övülme, iftihar edilecek, övünülecek kişi.

MEFTUNE (A) : Kendinden geçmiş, hayran olmuş.

MEHLİKA (F) : Ay yüzlü güzel.
MEHPARE (F) : Çok güzel ay parçası.
MEHTAB (F) : Ay ışığı.
MELAHAT (A) : Güzellik, yüz güzelliği.
MELDA (A) : Körpe, genç ve nazik.
MELEK (A) : Allah'ın nurdan yarattığı ve her zaman O'nun emrinde bulunan yaratığıdır. Mecazen: Yüzü ve huyu pek güzel olan, çok temiz, melek gibi kişi anlamında kullanılır.
MELİHA (A) : Güzel, şirin.
MELİKE (A) : Kadın hükümdar.
MELODİ (Y) : Ezgi, nağme, ahenk.
MELTEM (T) : Bir tür rüzgâr.

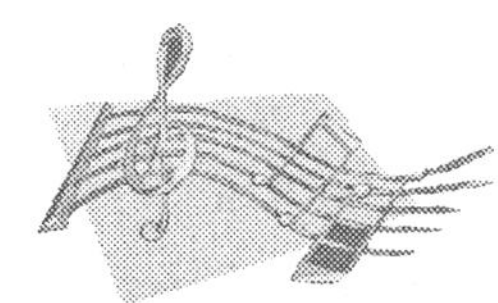

MEMNUNE (A) : Sevilmiş, sevinçli, razı, hoşnut, dilşad, mahzuz, mesrur, gönlü hoş edilmiş.
MENEKŞE (F) : Aslı "benekşe"dir. İnce saplar üzerinde ufak mavi, güzel kokulu çiçekler açan, otumsu bir bitki. Kır çiçeği.
MENSURE (A) : Manzum olmayan, nesir halinde yazılmış olan. Neşrolunmuş, saçılmış, serpilmiş, dağılmış.
MERAL (T) : Dişi geyik. Aslı "maral"dır.
MERCAN (A) : Deniz dibine kök salıp ağaç gibi büyüyerek gelişen kalker iskeletli hayvan. Bu hayvanın iskeletinden elde edilen ve süs eşyası yapımında kullanılan kırmızı madde.

MERİÇ (T) : Deniz. Çağıltılı su anlamına gelir. Bulgaristan'da doğup Ege Denizi'ne dökülen nehir.

MERİH (A) : Dünyadan sonra güneşe en yakın olan gezegenin adı. Bu gezegende su ve hava vardır. Sathının yarısı karlarla kaplıdır.

MERSA (A) : Gemilerin demir attığı yer, liman.

MERVE (A) : Mekke'de bir tepenin adı.

MERYEM (IB) : İbadete düşkün, hizmet eden.

MESRURE (A) : Sevinçli, şen, memnun kadın.

METANET (A) : Metinlik, dayanıklık, sağlamlık. Sebat, gayret.

MEVHİBE (A) : Alllah (c.c.) vergisi, ihsan.

MEVLİDE (A) : Doğma, dünyaya gelme, insanın doğduğu yer, doğulan aman, bir kimsenin doğum günü, Hz. Muhammmed'in (a.s.)doğum günü, doğum yeri münasebetiyle yapılan anma merasimi.

MEYMUNE (A) : Uğurlu, bereketli, kutlu. İslam arihindeki bazı meşhur şahısların adıdır.

MİSRA (A) : Kapı kanatlarından her biri. Bir beytin satırlarından her biri, bir satırlık manzum söz, bir şiiri meydana getiren satırlardan her biri.

MİHRİBAN (F) : Güleryüzlü, yumuşak huylu.

MİHRİCAN (F) : Sonbahar, gece ile gündüzün eşit olduğu gün. Eski İranlıların iki büyük bayramlarından birinin adı.

MİHRİMAH (F) : Güneş ile ay demektir. Mecazen; güneş ve ay gibi özellikleri olan kişi. Sevgi, muhabbet. Eylül ayı anlamlarına gelir. Kanuni Sultan Süleyman'ın kızının adıdır.

MİHRİYE (F) : Güneşe mensup, güneşe ait, güneş gibi parlak ve ışıklı olan.

MİNE (F) : Aslı "Mina" dır. Şişe, cam, billur, madeni eşya üzerine vurulan renkli sır tabakası, kuyumcuların gümüş üzerine nakşettikleri lacivert veya yeşil renkli sırça, pek ince ve parlak nakış.

MİNNET (A) : Bir iyilik karşısında kendini manevi olarak sorumlu hissetme.

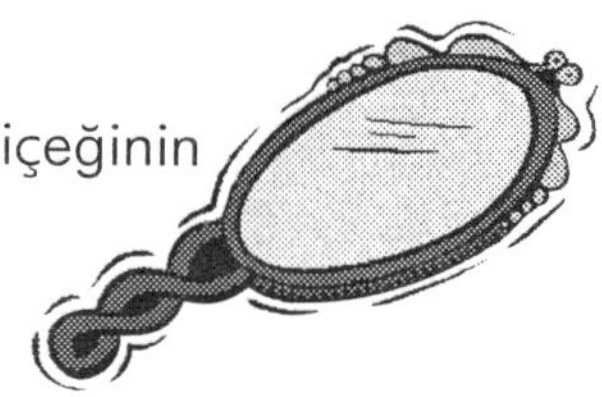

MİRAT (A) : Ayna. Bir çeşit lale çiçeğinin adıdır.

MUALLA (A) : Şanı yüksek kişi.

MUAZZEZ (A) : Kıymetli, değerli, şerefli.

MUHABBET (A) : Kelimenin aslı "mahabbet"dir. Sevgi. Kur'an-ı Kerim'de Taha Suresi, ayet 39'da geçmektedir.

MUHİBBE (A) : Seven, sevgi besleyen, muhabbet eden, hayır isteyen, dost, sevgili.

MUHLİSE (A) : Halis, her hali içten, katkısız, dostluğu ve samimiliği gerçek, inancı doğru olan.

MUHSİNE (A) : İyilikte bulunan, cömert, bağışlayan.

MUHTEREM (A) : Saygıdeğer, sayın, hürmet görmüş, kıymetli ve şerefli kimse.

MUİNE (A) : Yardım eden, yardımcı, yamak, muavin.

MUİZE (A) : İkram eden, izzet ve şeref veren, ağırlayan.

MUKADDER (A) : Kadri bilinmiş, değeri biçilmiş, kıymeti takdir olunmuş, beğenilmiş, kısmet, kader, yazı, alın yazısı.

MUKADDES (A) : Takdis edilmiş, mübarek, kutsal, kudsi, temiz, pak, her çeşit noksan, ayıp ve kusurlardan münezzeh olmak.

MUNİSE (A) : Ünsiyetli, alışılan, alışılmış, yadırganmaz, cana yakın, sevimli anlamlarına gelir. Müslümanların çok kullandıkları isimlerdendir.

MUSLİHA (A) : Islah eden, iyileştiren, düzelten, barıştıran, ara bulan, terbiye eden anlamlarına gelir. Bu kelime Kur'an'da beş yerde geçmektedir.

MUTAHHARA (A): Temizlenmiş, tathir edilmiş, temiz, arınmış, mübarek.

MUTEBERE (A) : İtibarlı, hatırı sayılır, inanılır, güvenilir, beğenilen, hükmü geçen anlamına gelir.

MUTİA (A) : İtaat eden, boyun eğen, Allah'ın emir ve yasaklarının dışına çıkmayan.

MUTİYE (A) : İtaat eden.

MUVAHHİDE (A) : Tevhid eden, Allah'ın birliğine inanan.

MUZAFFER (A) : Üstünlük kazanmış, zafer elde etmiş, üstün, kahraman, başarılı.

MUBAREKE (A) : Bereketli, feyizli, kutlu, uğurlu, hayırlı, mutlu, beğenilen, sevilen, kızılan, şaşılan kimse.

MÜBECCEL (A) : Yüceltilmiş, tebcil edilmiş, büyütülmüş, saygı gösterilmiş, yüce, ulu, muhterem.

MÜBERRA (A) : Aklanmış, temiz, hata ve kötülükten berî, temize çıkmış, günahsız, berî, müstesna, münezzeh.

MÜBEŞŞER (A) : Tebşir olunmuş, kendisine müjde verilmiş, iyi haberle sevindirilmiş.

MÜBEYYEN (A) : Meydana çıkarılan, açıklanan.

MÜCELLA (A) : Parlak.

MÜCEVHER (A) : Kıymetli taşlarla bezenmiş takı eşyası. Elmas, zümrüt, pırlanta ve benzeri kıymetli taşlara verilen ad. Cevher.

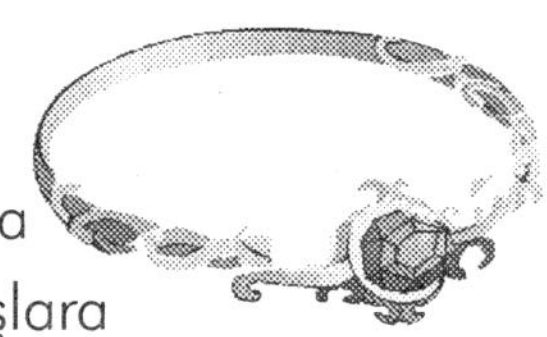

MÜDRİKE (A) : İdrak eden, anlayışlı, kavrayışlı, aklı eren, akıllı.

MÜEYYED (A) : Te'yid edilmiş, doğrulanmış, kuvvetlendirilmiş, güçlendirilmiş, güçlü, sağlam, sağlamlaştırılmış, tekzip edilmemiş, yardım görmüş.

MÜESSER (A) : Kolaylıkla olan, kolay gelen, oluşumunda Allah'ın yardımı varmış gibi kolay ve uğurlu olan, âsan olan, kısmetine düşen. Kendisine bir şey etki etmiş olan.

MÜFİDE (A) : Sohbetinden yararlanılan, ifade eden, anlatan.

MÜGE (FR) : İnci çiçeği de denilen bir çiçek.

MÜHEYYA (A) : Hazır, âmâde, hazırlanmış.

MÜJDE (F) : Muştu, sevinç haberi. Hayırlı, sevinçli bir haber getirene verilen bahşiş.

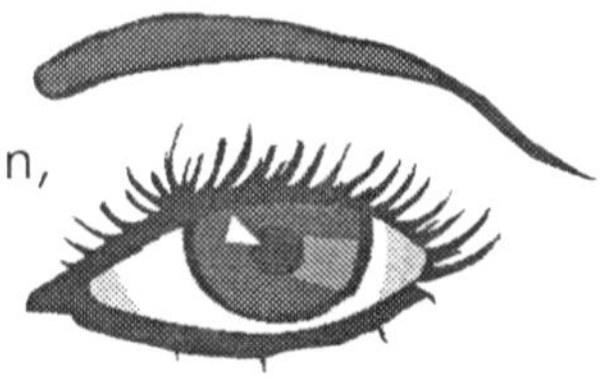

MÜJGAN (F) : Kirpikler.

MÜKERREM (A) : Muhterem, aziz, saygın, saygıdeğer, hürmet vetazime erişmiş, kutsal, büyük.

MÜKRİME (A) : İkram eden. Misafirperver.

MÜLEYKE (A) : Peygamber Efendimiz'in (a.s.) hizmetçiliğini yapan Enes b. Malik'in (r.a.) muhterem valideleri olan sahabenin adıdır. Hadis-i şerifte adı zikredilmektedir.

MÜLTEKA (A) : Kavuşma, buluşma, birleşme yeri.

MÜMİNE (A) : Kur'an-ı Kerim'deki 23. surenin adıdır. Emniyet ve güvenli, iman etmiş, İslam dinine inanmış, Müslüman, Allah'a ve emirlerine, kanunlarına inanan.

MÜMTAZE (A) : İmtiyazlı, üstün tutulmuş, başkalarından ayrı tutulan, seçkin, seçilmiş, ayrıcalıklı, kendisine has yönetim biçimi olan.

MÜNEVVER (A) : Tenvir edilmiş, nurlandırılmış, parlatılmış, aydınlatılmış, ışıklı. Aydın kimse.

MÜNİBE (A) : Allah'a (c.c.) yönelmiş, saf, içten.

MÜNİFE (A) : Yüksek, ulu, büyük, âli, bülend, meşhur anlamlarına gelir.

MÜNİRE (A) : Nurlandıran, parlak, nurlu, aydınlatıcı anlamındadır. Kur'an-ı Kerim'de altı yerde geçmektedir.

MÜNTEHA (A) : Son, nihayet, en son, akıbet, uç.

MÜNZİRE (A) : İnzar eden, akıbetinin kötülüğünü söyleyerek korkutan, kâfir ve münafıkların cehenneme gideceğini haber veren. Kur'an-ı Kerim'de 20 yerde geçmektedir ve sahabenin kullandığı bir isimdir.

MÜRŞİDE (A) : İrşad eden, doğru yolu gösteren, kılavuz. Tarikat şeyhi, gafletten uyandıran.

MÜRÜVVET (A) : İnsaniyet, mertlik, yiğitlik, cömertlik, iyilikseverlik, insanlığa uygun olan şeyi yapmak, ana-baba saadeti.

MÜREVVA (A) : İyi düşünen, fikirleri isabetli.

MÜSLİME (A) : İslam dininden olan, Müslüman.

MÜŞERREF (A) : Şerefli, şereflendirilmiş, onurlu, herkesçe kıymetli.

MÜŞFİKA (A) : Şefkatli, merhametli, acıyan, şefkatle seven.

MÜVEDDET (A) : Muhabbet, hubb, muhadenet. Sevme, sevgi.

MÜZDAD (A) : Ziyadeleşmiş, artmış, çoğalmış.

MÜZEHHER (A) : Çiçekli, çiçeklenmiş, çiçeklerle donanmış, çiçek açmış, çiçeklerle bezenmiş.

MÜZEYYEN (A) : Süslü, süslenmiş, zinetlendirilmiş.

N

NABİA (A) : Kaynayan, yerden fışkıran, akan.

NABİYE (A) : Haber veren, haberci. Yüksek, yüce.

NACİYE (A) : Cehennemden kurtulmuş, cennetlik. Selamete eren, kurtulan.

NADİDE (F) : Çok değerli. Az bulunan, görülmemiş.

NADİRE (A) : Eşi benzeri az bulunan, seyrek rastlanan. İran şahlarından birinin adı.

NADİYE (A) : Nida eden, haykıran, bağıran, yüksek sesle çağıran. Meclis, toplantı, encümen.

NAFİA (A) : Faydalı, şifalı, hayırlı. Menfaatli.

NAFİZE (A) : Sözü geçen, tesirli, kendine itaat edilen.

NAGEHAN (F) : Birdenbire, ansızın.

NAHİDE (F) : Venüs gezegeni. Çulpan. Arapçada: Yeni yetişmiş kız.

NAİBE (A) : Vekil, birinin yerini alan, birinin yerine geçen, kadı vekili, kadı, şeriat hükümlerine göre hüküm veren hakim. Nöbet bekleyen. Bu tabir genellikle bir memuriyette başkasına vekalet eden şahıs için kullanılır.

NAİLE (A) : Muradına eren, isteğine kavuşmuş, ele geçiren, erişmiş, ermiş.

NAİME (A) : Nazlı büyütülmüş, taze, körpe, yumuşak, zarif, güzel kadın.Bollukta yaşayış, cennetin dördüncü tabakasının adı. Kur'an-ı Kerim'de cennet adı olarak 16 yerde geçmektedir.

NAİRE (A) : Ateş, alev. Sıcaklık, hararet.

NAKİYE (A) : Temiz, pak. Çok takvalı, temiz insan. anlamlarına gelir.

NALAN (F) : İnleyen, sızlanan, ağlayan.

NAMİYE (A, F) : Namlı, şöhretli, ünlü, tanınmış. Aynı kelime Arapça'da; büyüyen, artan, üreme kuvveti olan, biten, yetişen.

NARGÜL (F) : Ateş renginde, kırmızı gül.

NARİN (F) : İnce yapılı, boyuna göre eni dar olan, ince ve zayıf vücutlu, nazik ve kibar kişi.

NASİRA (A) : Yardımcı, muin, yardım eden, imdada yetişen, nusret eden, zafer veren. Kur'an-ı Kerim'de Muhammed Suresi ayet 10 ve Cin Suresi ayet 24'de geçmektedir.

NASİBE (A) : Pay, hisse, birinin elde edebileceği şey, Allah'ın kısmet ettiği şey.

NASİHA (A) : Nasihat eden, öğüt veren, içi temiz insan. Araf suresinin 68. ayetide de geçmektedir.

NASUHİYE (A) : Bozulmaz şekilde tövbe eden. Temiz insan. Nasuha ait.

NAŞİDE (A) : Şiir okuyan, şiir söyleyen, şiir yazan anlamına gelir.

NAŞİRE (A) : Neşreden, dağıtan, saçan, yayan, açan, kitap yayınlayan, kitap neşreden.

NATİKA (A) : Söyleyen, konuşan, idrak eden, düşünen, bir ifadesi olan, bir şeyi gösteren, beyan eden, bildiren, bildirici.

NAZ (F) : Başkaları tarafından beğenilmek için yapılan yapmacık hareket. İşve, cilve. Kendini ağırdan satma, geçici bir süre başvurulan olumsuz davranış, şımarıklık.

NAZAN (F) : Naz eden, nazlı olan. Kendi kendini beğendirmek için işveler, cilveler yapan, bir şeyi istediği halde yalvartmak için istemiyor görünen, şımarık hareketleri olan.

NAZENDE (F) : Naz edici, nazlı, hoş, edalı, işve ve cilveyi seven.

NAZİME (A) : Tanzim eden, nizama koyan, düzenleyen. Nazım haline getiren, manzume yazan.

NAZİFE (A) : Zarif, nazik ve şık giyimli, temiz, pak, tahir.

NAZİLE (A) : Yukarıdan aşağı inen inici, bir yere konan, bir yerde konaklayan, inzal olan, Allah katından gelen, bela, sıkıntı, inme, nezle.

NAZİRE (A) : Benzer, eş, örnek, karşılık.

NAZLI (F) : Naz eden, işveli, cilveli.

NAZLIGÜL (F, T) : Gülün nazlısı. Hem nazlı ve hem de gül gibi güzel olan.

NAZMİYE (A) : Tertipli, düzenli, vezinli, kafiyeli. Osmanlı şairlerinden bazılarının lakaplarıdır.

NEBAHAT (A) : Şeref sahibi, ünlü kadın.

NEBİHE (A) : Namlı, ünlü, tanınmış, şerefli.

NEBİLE (A) : Yüksek meziyet ve onur sahibi, akıllı, anlayışlı, bilgili, faziletli, güzel huylu. anlamlaırna gelir.

NEBİYE (A) : İbranice nabi yahut Aramca nebha kelimelerinden gelmektedir. Haberci, haber getiren, peygamber, kendisine kitap verilmeyip geçmiş bir peygamberin izinden giden Allah elçisi.

NECİBE (A) : Soyu sopu temiz, nesli pak, soylu, asilzade, asaletli, kıymetli, üstün, zeki, cömert, güzel huylu, ahlâkı güzel, iyi huylu.

NECLA (A) : Kız çocuk. Soy, nesil.

NECMİYE (A) : Yıldıza mensup, yıldızla ilgili. Kur'an'a mensup, Kur'an ehli.

NEDİME (A) : Meclis arkadaşı, sohbet arkadaşı, samimi dost. Büyükleri fıkra ve hikâyeleri ile eğlendiren, güzel hikâye anlatan, tatlı konuşan.

NEDRET (A) : Az bulunan, seyrek rastlanan.

NEFASET (A) : Nefis olma hali, nefislik, çok değerlilik, kıymetlilik.

NEFİSE (A) : Çok hoşa giden, en güzel, çok beğenilen.

NEHİR (A) : Aslı "nehr" dir. Akarsu, çay, ırmak.

NEHRİYE (A) : Nehre mensup, nehirle ilgili.

NEMİKA (A) : Güzel yazı, mektup, yazılı kâğıt. Süslü elbise gösterişli, güzel.

NERGİS (F) : Çiçekleri ayrı veya bir kök sap üzerinde şemsiye vaziyetinde bulunan ve beyaz, sarı renkleri de olan bir tür süs bitkisinin adıdır. Lale gibi soğanlıdır.

NERİMAN (F) : Yiğit, bahadır, kahraman. Aslında erkek adı olarak kullanılması gereken bu isim daha çok kadın adı olarak kullanılmaktadır.

NERMİN (F) : Yumuşak, kibar, nazik.

NESİBE (A) : Soylu, soyu temiz olan, baba tarafından soylu olan. Divan edebiyatında kasidenin tasvir bölümüne bu isim verilir.

NESİME (A) : Hafif ve latif rüzgâr. Mecazen: Alçak gönüllü insan.

NESLİHAN (F) : Padişah soyundan gelen, hükümdar soyundan olan, han neslinden olan.

NESLİŞAH (F) : Padişah soyundan gelen, şah neslinden olan anlamındadır.

NESRİN (F) : Beyaz ve ufak yapraklı olan bir gül ki adına yaban gülü, van gülü, ağustos gülüde denir

NEŞE (A) : Mutluluk, sevinç, keyif, kıvanç, yiğit olmak, yüksek olmak, yeniden meydana gelmek, yeniden olan şey.

NEŞVE (A) : Sevinç, gönül açıklığı, keyif, kıvanç, yiğit olmak, yüksek olmak, yeniden meydana gelmek.

NEVAL (A) : Talih, kısmet. Bağı, bahşiş.

NEVBAHAR (F)	: Yeni bahar, ilk bahar.
NEVBAHT (F)	: Talihi, şansı açık olan.
NEVİN (F)	: Yepyeni, yeni, yeni şey.
NEVRA (A)	: Işıklı, parlak. Çiçek, özellikle beyaz çiçek.
NEVRES (F)	: Yeni yetişen, yeni biten, genç, taze gelir. Osmanlı şairlerinden birinin adı.
NEVRİYE (A)	: Işıkla ilgili, parlaklıkla, aydınlıkla ilgili olan.
NEVVARE (A)	: Nurlu, ışıklı, parlak. Ağaç çiçeği.
NEYYİRE (A)	: Nurlu, ışıklı, parlak güneş.
NEZAFET (A)	: Temizlik, parlaklık, paklık demektir.
NEZAHET (A)	: Nezihlik, temizlik, paklık, iffet anlamına gelir.
NEZAKET (F)	: Naziklik, zariflik, incelik, terbiye, edep anlamına gelir.
NEZİHE (A)	: Temiz, tahir, pak anlamına gelir.
NEZİRE (A)	: Doğru yola sevk etmek için korkutan, kendini Allah'a adayan, dilek, adak, takdis ve tahsis edilen. Bu kelime Kur'an-ı Kerim'de 44 yerde geçmektedir.
NİDA (A)	: Çağırma, seslenme, bağırma. Edebiyatta bir şahsa hitap şeklindeki ifade tarzı.
NİGÂHBAN (F)	: Gözcü, bekçi, gözleyen.
NİGÂR (F)	: Resim, nakış. Resim gibi güzel, güzel yüzlü, sevgili.
NİHAL (F)	: Sevgili, taze, ince ve düzgün vücutlu. Fidan, genç, ince ve düzgün vücutlu, fidan gibi nazik.

NİHAN (F) : Gizli, saklı, bulunmayan, görünmeyen. Mestur, örtünmesi gerekli yerleri örten.

NİLGÜN (F) : Lacivert, çivit renginde.

NİLÜFER (F) : Bir su bitkisi. Yaprakları yuvarlak ve geniş olan, beyaz, mavi ve sarı çiçekler açan bir cins su bitkisinin adı. Osmanlı hükümdarlarından Sultan Orhan'ın hanımı ve Sultan Murat Hüdavendigar'ın annesinin adı.

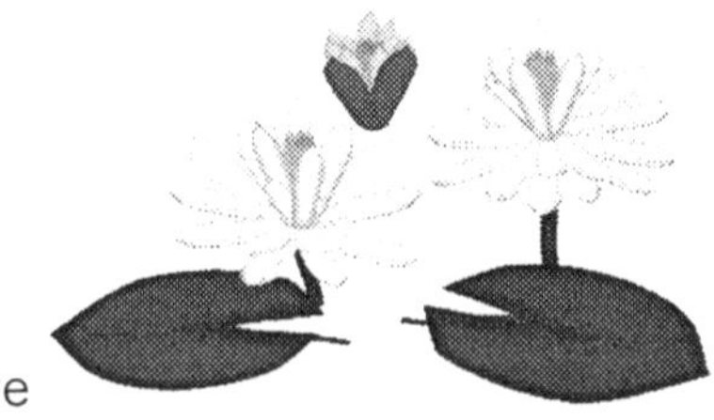

NİMET (A) : Yiyecek ve içecek gibi gerekli olan. İyilik, lütuf, ihsan, bahşiş, saadet, mutluluk, Allah'ın lütfettiği şeyler.

NİYAR (A) : Çok ateşli, yakıcı, ateşler gibi. Sahabenin kullandığı bir isim.

NUMUNE (F) : Çok miktarda olan şeyleri temsil etmek üzere seçilmiş az miktardaki şey, örnek, misal, mostra.

NUR (A) : Allah'ın (c.c.) isimlerinden. Aydınlatan, aydınlık, ışık, parlaklık anlamına gelir. Nur; maddi ve manevi ışığı, aydınlığı, parlaklığı ifade ettiği için Müslüman hanımların isimlerinde yalnız ve ek olarak çok kullanılmıştır ve kullanılmaktadır.

NURAN (A) : Nurlu, nur kelimesinin çoğuludur. Nurlar, öışıklar.

NURAY (A, T) : Işık saçan ay, ayın en çok ışık verdiği dönem, ayın 14. günü.

NURBANU (A, F) : Nur kadın, nur yüzlü hanım, gelin, prenses demektir.

NURCAN (A, F) : Canlı, neşeli, hayat dolu. Nur canlı.

NURCİHAN (F) : Cihanın nuru, kâinatın ışıklısı, dünyanın parlak ve nurlu kişisi.

NURÇİN (A, F) : Nur toplayan, nur devşiren.

NURDAGÜL (A, F) : Nurdaki gül demektir. Mecazen; güldeki nur gibi güzel ve temiz kişi.

NURDAN (A) : Nur tanesi, nur kabı, nura ait, nurdan yapılmış.

NURDANAY (A, T) : Nurdan olan ay, parlak ay, etrafından ışık saçan ay.

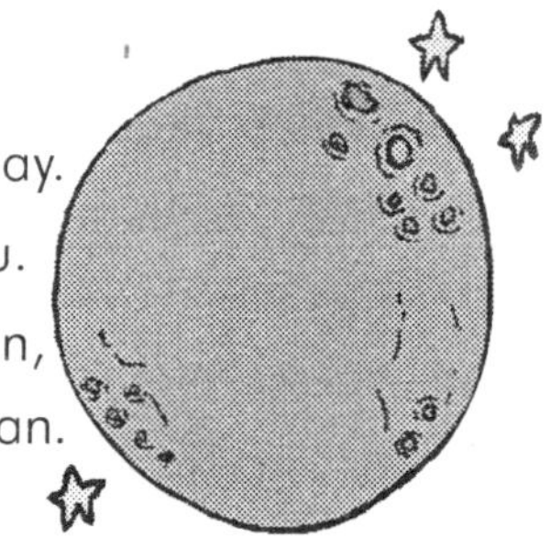

NURDİDE (A, F) : Nur gözlü veya göz nuru.

NURDİL (A, F) : Kalbinde kötülük olmayan, gönlü aydınlık ve temiz olan.

NURDOĞAN (A, T) : Nur olarak doğan, nur gibi parlak ve güzel doğan.

NUREFŞAN (F) : Nur saçan, etrafı aydınlatan.

NURFİDAN (A, F) : Taze ve pırıl pırıl genç, zarif hanım.

NURGÜL (A, F) : Gülün en parlak olanı.

NURGÜZEL (A, T): Nur gibi güzelliği olan.

NURHAN (A, T) : Nur hükümdar.

NURHAYAT (A, T): Hayatı nur gibi parlak ve ışıklı olan.

NURİNİSA (A) : Nurlu kadın.

NURİYA (A) : Nurlu, ışıklı, aydınlanmış, parlak.

NURİYE (A) : Nurlu.

NURSEFA (A) : Nur ve sefa kelimelerinin bir leşmesinden oluşmuştur.

NURSEL (T) : Nur seli, etrafına sel gibi ışık saçan, nur ve parlaklık saçan.

NURŞEN (T) : Işık gibi şen ve güleryüzlü kişi.

NURTEN (F) : Teni nurlu, vücudu ışıklı, ışık tenli, teni beyaz ve temiz olan.

NUSRET (A) : Allah'ın yardımı, yardım, muavenet, başarı, üstünlük, zafer, galiplik, fetih kazanmak, düşmana galip gelmek.

NÜKHET (A) : Müstehcen söz ve kelimeler. Koku, rayiha, güzel ve hoş koku, ağız kokusu.

NÜVEYRE (A) : Parlak, küçük şey.

NÜZHET (A) : Neşe, eğlence, sevinç, ferahlık, temizlik, paklık, gönül ferahlığı, iç açıklığı.

O

OFLAZ (T)	: İyi ve güzel, eksiksiz, tam. Gürbüz, yakışıklı, güzel giyinen. Becerikli. Eflatun rengi. İşe yarar, uygun. Cesur, kabadayı.
OKŞAN	: Sevil, sevgiye değer ol.
OLCAY (T)	: Talih, baht, ikbal.
OLGUN (T)	: Bilgi, görgü ve hoşgörüsü gelişmiş insan.
ONAT (T)	: Doğru. İyi, mükemmel. Uygun. Düzgün. Dürüst, nitelikli.
ORKİDE (F)	: Salepgillerden, güzel çiçekli, bazı kıymetli çiçeklerin ortak adı. Değerli bir süs bitkisi.
OYA (T)	: Tığ veya firkete ile yapılan ince dantel, süs, eşarbın çevresine yapılan süs.
OYAHAN (T)	: Oya ile han kelimesinin birleşmesidir.
OYLUM (T)	: Çukur, oyuk.

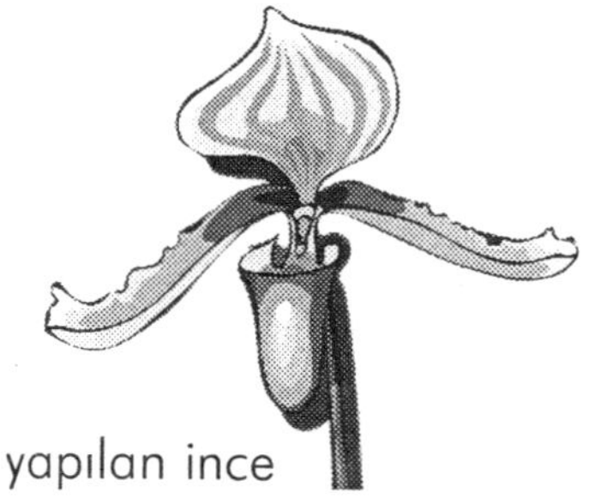

Ö

ÖMÜR (T)	: Yaşama süresi, hayat müddeti, hayat, dirilik, canlılık.
ÖNAY (T)	: Ayın ilk günlerindeki hali, hilal.
ÖZAY (T)	: Gerçek ay, hakiki güzel, özü ay gibi temiz, parlak ve aydın olan kimse.
ÖZCAN (T)	: Candan, samimi, içten. Hayatın manevi yönüne önem veren.
ÖZDE	: Birbirinin tamamıyla aynı olan.
ÖZDEM	: Tam zamanı, kıvam, gerçek.
ÖZDEN (T)	: Özle, öz varlıkla, gerçekle ilgili. Samimi, içten, asil, gönülden.
ÖZGE (T)	: Başka, gayrı, diğer, yabancı, ağyar. Bambaşka, bilindiği gibi değil. İyi, güzel. Cana yakın, sıcakkanlı. İki dağ arasındaki dereciklerin birleştiği yer. Derenin başlangıcı. Şakacı. Yürekli, gözü pek.
ÖZGEN (T)	: Kuzu kulağı otunun filizlerinin adıdır. Mecazen: Bu filizler gibi güzel ve nazik vücutlu.
ÖZGENAY (T)	: Güzelliği ile fark edilen ay yüzlü.

ÖZGÜ (T) : Kişiye ait, yalnız o kişide bulunan, o kişiye ayrılmış. Halk ağzı: Kutsal, ezgi, türkü.

ÖZGÜL (T): Halis gül, gülün en iyisi, özü gül gibi olan. Özellikle bir türe ait olan.

ÖZGÜN (T) : Nitelikleri bakımından benzerlerinden ayrı ve üstün olan. Yalnız kendine özgü bir nitelik taşıyan, orijinal.

ÖZGÜR (T) : Serbest, rahat hareket edebilen, başkasına köle olmayan, bağımsız.

ÖZLEM (T) : Kavuşma arzusu, hasret. Meyil. Özlenen kişi. Halk ağzı: Bitkilerde tohum için uzayan göbek bölümü.

ÖZMEN (T) : Özlü kimse, özü iyi, sağlam kişilikli.

ÖZNUR (T) : Gerçek nur, gerçek ışık, nuru özlü olan. Saf ve parlak ışık. Uğurlu, özü, yüreği aydınlık, ışık dolu.

ÖZPETEK (T) : Gerçek, saf petek, katışıksız bal veren petek. Arı gibi çalışkan ve bal gibi temiz kız.

ÖZSEL (T) : Yürekten, gönülden, samimi, cana yakın kişi.

ÖZSU (T) : Hayat veren su.

ÖZTEN (T) : Özden, yürekten, gönülden arkadaş. Kardeş kadar yakın.

P

PAKİZE (F) : Günahsız, lekesiz, temiz, pak, halis, katıksız, saf, hoş ve güzel.

PAMUK (T) : Sıcak bölgelerde yetişen ve dokuma işinde kullanılan bitki. Beyazlığın ve yumuşaklığın simgesi.

PAPATYA (Y) : Baharda çiçek açan çok yıllık bir kır bitkisi. Bu bitkinin ortası sarı; kenarlarındaki yaprakları beyaz ve sarıdır.

PARLA (T) : Işık saç, parlak ol.

PARULE (F) : Şakacı, latifeci.

PAYE (T) : Rütbe, derece.

PAYENDE (A, F) : Destek, destek veren. Sebat eden.

PEDME (F) : Kısmet.

PEŞKEN (T) : Çok neşeli, sevinç dolu.

PELİN (Y) : Çok acı, keskin ve güzel kokulu bitki. Hekimlikte ilaç yapımında kullanılan bir ot. Halk ağzı: Tavşan.

PELİNSU (T) : Kıyısında pelinler yetişen su. İyi huylu.

PEMBE (F) : Açık kırmızı, beyaza biraz kırmızının karışımından oluşan açık rengin adı. Gül rengi.

PERÇEM (F) : Uzatılan saç, kahkül. Halk ağzı: Asma kökü, mısır püskülü.
PERİ (F) : Cinlerin güzellik ve iyilik sembolü olarak kabul edilen dişisinin adı. Mecazen: Güzel ve alımlı kadın veya kız.
PERİDE (F) : Uçmuş, yükselmiş. Rengi soluk, solmuş, rengi atmış.
PERİHAN (F) : Perilerin başı. Büyücü, peri padişahı. Mecazen: Peri gibi çok güzel kadın.
PERRAN (F) : Uçucu, uçan.
PERİN (F) : Naz, nazlı, nezaket, gönül tokluğu.
PERVANE (F) : Işığın etrafında uçan küçük kelebekler.
PERVİN (F) : Ülker yıldızı takımı. Süreyya yıldızı.
PETEK (T) : Arıların bal yaptığı altı köşeli mum göze.
PEYKER (F) : Yüz, çehre, görkem, güzellik.
PEYMA (F) : Ölçen, hesap eden.
PEZİRE (F) : Karşılama, karşılanış.
PINAR (T) : Suyun çıktığı yer, su kaynağı, göze, çeşme. İyilik kaynağı.
PİRNAL (Y) : Bir ağaç türü.
PİRAYE (F) : Takı, zinnet, süs, süs eşyası.

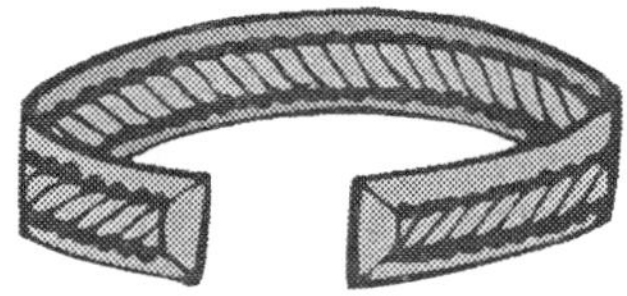

PİRUZE (F) : Mavi renkli değerli bir süs taşı.
PİYALE (F) : Kadeh.

PÜRÇİN (F) : Çok düşünceli, öfkesi kabarmış.
PÜREN : Bal arılarının çok sevdiği çalı. Süpürge otu.
PÜRNUR (F, A) : Nur dolu, aydınlık dolu.
PÜRŞEN (F) : Çok neşeli, neşe dolu, neşe kaynağı, sevinç dolu kişi demektir.

R

RABİA (A)	: Dördüncü. Genellikle dördüncü olarak doğan çocuklara isim olarak verilir. İslam'ın ilk devirlerinde yaşamış, Basra'nın meşhur kadın sufi ve evliyasının adı. Salisenin altmışta biri.
RABİHA (A)	: Kârlı, kazançlı, faydalı, alış-verişte kazanan.
RACİFE (A)	: Şiddetle sarsan, dünyayı yerinden oynatan, şiddetle titreten, hareket ettiren. Kur'an-ı Kerim'de kıyamet günü İsrafil'in üfleyeceği surun ikincisinin adıdır. Bu sur ile bütün ölüler yeniden hayat bulacaktır.
RACİYE (A)	: Rica eden, yalvaran.
RADİYE (A)	: Rıza gösteren, kabul eden, boyun eğen.
RAFİA (A)	: Kaldıran, yükselten, destek olan. Cenab-ı Allah'ın 99 isminden biridir. Medine'de ilk Müslüman olan altı sahabeden birinin adı.
RAFİKA (A)	: Arkadaş, yoldaş, uslu, iz'anlı anlamına gelir. Kur'an-ı Kerim'de Nisa suresi 69. ayetinde geçmektedir.
RAGİBE (A)	: İstekli, isteyen, rağbet eden anlamına gelir. Bazı durumlarda terk eden, vazgeçen, tenezzül etmeyen Kur'an-ı Kerim'de Meryem Suresi'nin 46. ayetinde geçen bu kelime "yüz çeviren" anlamına gelir. Tevbe Suresi'nin 59. ayetinde ise "rağbet etmek" anlamına gelir. Müslümanların çok kullandıkları isimlerdendir.

RAHİL (A) : Göçen, göç eden, ölen, bu dünyadan öbür âleme göçen anlamına gelir.

RAHİME (A) : Hafif sesli, lâtif sözlü kız.

RAHMİYE (A) : Rahmete mensup, rahmetle ilgili, esirgeyen, şefkat eden.

RAHŞAN (F) : Parlak, parlayan, parıldayan.

RAİFE (A) : Merhametli, acıyan, esirgeyen.

RAİGA (A) : Sade, saf, halis, temiz, katıksız.

RAKİBE (A) : Gözcü, gözeten, bekleyen, bütün işleri kontrolü altında bulunduran.

RAİKA (A): Güzel, hoş. Sade, saf, halis.

RAMİYE (A) : Farsça'da; çok itaatli, boyun eğici, Allah'a kullukta kusur etmeyen anlamına gelen bu kelime, Arapça'da; ok, mermi gibi şeyler atan atıcı anlamına gelir. Fırlatan, atan.

RA'NA (A) : Güzel, latif, hoş görünen, iyi, pür ve revnak olan. Ne dediğini bilmeyen.

RASİHA (A) : Temeli sağlam ve kuvvetli. Bilgisi çok, özellikle dinî bilgisi çok geniş olan.

RASİME (A) : Âdet, eskiden kalma âdet. Eski gelenekler, töreler. Resim yapan, resim çizen.

RAŞİDE (A) : Akıllı, doğru yola giden. Olgun, hak yolunu kabul eden. Kur'an-ı Kerim'de çoğul olarak Hucurat Suresi'nin 7. ayetinde geçmektedir.

RATİBE (A) : Tertip eden, düzenleyen, sıraya koyan.

RAVZA (A) : Bahçe; ağacı, çayırı çimeni bol olan yer, cennet gibi bol ağaçlı ve çiçekli bahçe.

RAYİHA (A) : Koku, güzel koku.
RAZİYE (A) : Rıza gösteren, boyun eğen, kabul eden.
REBAB (A) : Beyaz bulut. Dostlar. Hz. Hüseyin'in hanımının adı.
REBİYE (A) : Bahara ait, baharla ilgili, bolluğa sahip. Güçlü bir hadis bilgininin adı.
REFİA (A) : Yüksek, yüce.
REFİKA (A) : Kadın, eş, kadın arkadaş.
REHA (F) : Kurtulma, kurtuluş, halaz.
REMİDE (F) : Ürkmüş, korkmuş, ürkek, korkak.
REMZİYE (A) : İşaret ile ilgili , işaretli, işarete mensup.
RESİDE (F) : Erişmiş, yetişmiş, olgunlaşmış.
RESMİYE (A) : Devlet tarafından veya devlet adına olan. Merasimle, alayla olan. Resme ait, yazıyla, çizgiyle ilgili. Çok ciddi, çok sert, teklifli.
REŞİDE (A) : Doğru yolda yürüyen, iyi hareket eden. Akıllı, ergin, olgun. Sahabenin kullandığı isimlerdendir.
REYHAN (A) : Rızık, maişet, rahmet, merhamet, hoş ve güzel koku. Fesleğen denilen, güzel kokan bir süs bitkisi.
REZAN (A) : Ağır, ağırbaşlı, vakarlı, temkinli, ciddi.
RIFKİYE (A) : Yumuşak, yavaş, tatlı, halim selim, nezaket sahibi.
RİKKAT (A) : Raiklik, incelik. Merhamet, acıma.
RİNDAN (F) : Kalenderler, dünya işlerini hoş görenler.
RUHAN (F) : Güzel kokulu, güzel kokan.

RUHEFZA (F) : Ruha tazelik veren, cana can katan, ruhu yücelten.

RUHİYE (A) : Ruha ait, ruhla ilgili, ruhçu, ruh sahibi.

RUHSAR (F) : Yanak, yüz, çehre.

RUKİYE (A) : Büyüleyici, sihirli, efsun. Habeşistan'a ilk hicret eden hanım sahabelerden birinin ve Peygamberimiz'in (a.s.) kızlarından birinin adı.

RUŞEN (F) : Aydın, parlak. Belli, aşikâr, apaçık, ortada.

RÜÇHAN (A) : Üstünlük, üstün olma.

RÜMEYSA (A) : Prosyon denilen küçük köpek takım yıldızında en büyük yıldızın adı. Asıl adı Ümmü Süleym olan ve oğlu Enes b. Malik'i (r.a.) Peygamber Efendimiz'e (a.s.) hizmetçi olarak bahşeden muhterem sahabelerden bir hanımının adı.

RÜŞDİYE (A) : Doğru yolda giden, ergin, olgun, rüştüne ermiş.

RÜVEYDA (A) : Hoş, ince, nazik.

RÜVEYHA (A) : İncelik, zariflik.

RÜYA (A) : Uyku sırasında görülen şey, düş. Mecazen: Gerçekleşmesi beklenen şey, hayal, umut.

S

SAADET (A) : Mutluluk, kurtuluş vesilesi, uğur, Allah'ın rızasına kavuşmuş olmak, her isteğine kavuşmak.

SABAHAT (A) : Güzellik, latiflik, yüz güzelliği, hüsün ve cemal sahibi olmak.

SABİA (A) : Yedinci. Yedinci olarak doğan çocuklara konulabilir.

SABİHA (A) : Güzel, latif, şirin anlamına gelir.

SABİRE (A) : Sabreden, dayanan, acelesiz bekleyen, dişini sıkan. Kur'an-ı Kerim'de Müslümanların özelliği olarak ve çoğul şeklinde 21 yerde geçmektedir.

SABİTE (A) : Doğruluğu ispat edilmiş, hareketsiz, kımıldamayan, duran, yerinde duran.

SABRİYE (A) : Sabırla ilgili, sabırlı, acelesiz, dayanıklı, acıya ve zorluğa katlanan, sabra mensup.

SABRUNNİSA (A) : Kadınların sabırlısı.

SACİDE (A) : Secde eden, secdeye varan, Allah'ın huzurunda başını yere koyarak dua eden, Allah'ına kulluk eden.

SADAKAT (A) : Dostluk, vefalık, içten bağlılık, doğruluk, samimiyet.

SADİKA (A) : Doğru, gerçek, sadakatli, içten bağlılığı olan, hakikatli, dürüst.

SADİYE (A) : Saadete, uğura mensup, saadetle ilgili, baht açıklığı ile ilgili, uğurlu, kutlu, talihli.

SADRİYE (A) : Göğüsle ilgili, göğse ait. Anneye nispetle çocuk.

SAFİYE (A) : Temiz, pak, saf, arı, katkısız, karışıksız, günahsız.

SAFİNAZ (T) : Sırf naz, sadece naz, çok naz eden.

SAFİRE (A) : Yola çıkmaya hazır, yolcu.

SAHAVET (A) : Cömertlik, el açıklığı, muhtaç olanlara ihsan etmek, yardımda bulunmak

SAHİBE (A) : Bir kimsenin refiki, arkadaşı olmak, akranlık ve dostluk yakınlığı ile bağlı olmak anlamına gelen "sahibe" fiil kökünden ismi fail sigası olup, hususiyetle Peygamber Efendimiz (a.s.) ile yakından münasebette bulunan ve İslamiyet uğrunda ölenler için kullanılmıştır.

SAHİRE (A) : Seher vakti uyumayan, geceleri ibadetle uykusuz geçiren kimsedir.

SAİBE (A) : Yanlışlık yapmayan, hedefe doğru ulaşan, doğru olan, isabetli olan anlamlarına gelir. sahabenin kullandığı isimlerdendir.

SAİDE (A) : Mutlu, uğurlu, mesut, bahtiyar kişi. Ahiretine hazırlanmış, Allah rızasını kazanmış, Allah kendisini sevmiş, mübarek. Sahabenin kullandıkları isimlerdendir.

SAİHA (A) : Gezen, dolaşan.

SAİME (A) : Oruçlu, oruç tutan. Kur'an-ı Kerim'de Müslümanların özellikleri arasında "oruç tutan erkekler" anlamında çoğul olarak Ahzap Suresi'nin 35. ayetinde geçmektedir.

SAKİBE (A) : Delen, tesir eden, tesirli, parlak, ışıklı anlamlarına gelir. Kur'an-ı Kerim'de Saffet Suresi'nin 10. ayetinde ve Tarık Suresinin 3. ayetinde geçmektedir.

SAKİNE (A) : Hareketsiz, durgun, kımıltısız. Sessiz. Bir yerde oturan, ikamet eden, yerleşen, bir yerin halkından olan. Kendi halinde, uslu, uysal, yumuşak başlı, halim selim. Heyecanı ve kızgınlığı olmayan, yatışmış.

SALİHA (A) : Dinin emrettiği şeylere uygun hareket eden, dindar, faziletli, takva ehli, yararlı, elverişli, iyi, uygun, yakışır.

SALİME (A) : İyi muhafaza edilmiş, sağlam, kusursuz, noksansız, eksiksiz, emin ve korkusuz olan.

SALİSE (A) : Üçüncü, ikinciden sonra gelen. Genellikle üçüncü olarak doğan çocuklar için kullanılır.

SAMİYE (A) : Yüksek, yüce, refi.

SAMİRE (A) : Meyveli, meyve vermiş.

SAMİTE (A) : Susan, sükût eden, ses çıkarmayan, sessiz.

SANEM (A) : İslam'dan önce cahiliye Araplarının taptığı putlara denirdi. Karşısında secde edilen, pirestiş olunan anlamındadır. Bir Müslüman için "put" anlamındaki böyle bir ismi kullanmak çok uygun değildir.

SANİYE (A) : İkinci, birinciden sonra gelen demektir. Genellikle ikinci olarak doğan çocuklara bu isim verilir.

SARA (F) : Halis, katkısız, saf.

SARE (A) : Sıçrayani atlayan anlamına gelir. Hz. İbrahim'in hanımının adıdır.

SATİA (A) : Meydana çıkan, yükseleni, yükseldikçe yükselen, nur saçan, parlak.

SEBİLE (A) : Yol. Yol kenarında kurulmuş olup, Allah rızası için su dağıtan yapı, sebilhane. Hayır için bedelsiz dağıtılan su. Pek çok.

SEBLA (A) : Uzun kirpikli, kirpikleri uzun olan güzel.

SEBU (F) : Testi, şarap kabı, su kabı.

SEBUENDAM (F) : Testi endamlı, vücudu testi gibi gösterişli olan güzel kimse.

SEÇİL (T) : Beğenil, ayrıl, emsallerden üstün tutulan

SEÇKİN (T) : Seçilmiş, üstün, güzide, emsallerinden üstün olan

SEDA (A) : Meme, emzik, piston.

SEDÂ (T) : Ses, avaz, savt, yankı.

SEDEF (A) : Midye ve istiridye gibi hayvanların beyaz parlak kabuğunun adı. Mecazen: Bu kabuk gibi beyaz ve parlak olan, temiz ve nurlu insan anlamında kullanılır.

SEFİNE (A) : Gemi. Çeşitli konularda yazı ve şiirler içeren dergi.

SEHER (A) : Tan yeri ağarmadan biraz önceki vakit. Mecazen: Geceleri uyumayıp, uyanık duran, seher vakti uyanık olan kişi.

SEHHARE (A) : Büyücü, büyü gibi kuvvetle çeken, büyüleyici.

SEHLE (A) : Yumuşak, taze, körpe, kolay, güçlük çekmeyen, sade. Peygamber Efendimiz'in (a.s.) verilmesini uygun gördüğü isimlerdendir ve sahabeden bu ismi kullananlar olmuştur. Müennesi, Habeşistan'a ilk hicret eden hanım sahabelerden birinin adıdır.

SEKİNE (A) : "Sekene" (durmak, dinmek, bir yerde kalmak) fiil kökünden yapılmış bir isim olup, "sükûnet, huzur, kalp huzuru ve vakar" anlamına gelir. Kur'an-ı Kerim'de altı yerde geçmektedir.

SELEN (T) : Ses, müjde. Yılan.

SELİME (A) : Sağlam, kusursuz, felaketten kurtulmuş. Doğru, halis, pak, refah ve selamet üzere bulunan. Osmanlı padişahlarından bazılarının adı.

SELİN (T) : Gür akan su anlamına gelir. Orta Asya'da yetişen; bodur, sürekli yeşil kalan bir bitkinin adı.

SELMA (A) : Barışçı, sulhçu, itaatli, doğru ve iyi yolda olan, selamette bulunan.

SELVA (A) : Asel, bal. Büyük bıldırcın. Kur'an-ı Kerim'de Bakara Suresi'nin 57. ayetinde de geçmektedir.

SEMA (A) : Gök, kubbe, gökyüzü.

SEMA' (A) : İşitmek, duymak, dinlemek. Şöhret ve anılma.

SEMAHAT (A) : Cömertlik, el açıklığı, iyilikseverlik.

SEMİHA (A) : Semahatli, cömert, eli açık.

SEMİNE (A) : Pahalı, kıymetli, değerli.

SEMRA (A) : Esmer, kumral renkte olan, esmer güzel.

SEMURE (A) : Meyve veren, çoğalan, zengin olan, verimli. Sahabenin kullandığı isimler dendir.

SENA (A) : Överek anma, övme, methetme.

SENEM (T) : Yılım, yıl dönümüm. Arapça "sanem" kelimesinin değişik telaffuzu da olabilir.

SENİHA (A) : İnci veya dizilmeden önce dizilecek riştesi. Ziynet.

SENİYYE (A) : Yüksek, yüce, âli, bülend.

SERA (F) : Saray, büyük konak, köşk.

SERAP (A) : Çölde ışığın yansımasından ileri gelen, insanı aldatan su başı veya yeşillikler gibi görünen yer, ılgım. Mecazen: Aldatıcı güzelliğe sahip olan kişi.

SERAY (F) : Saray, büyük konak. Hükümet konağı.

SEREN (T) : Uzun, kalın ve silindir şekilli çam kerestesi. Yelkenlilerde ana direğe dik olarak tutturulan ve yelken germeye yarayan ağaç.

SERENGÜL (T, F) : Baş gül, güllerin başı.

SERGÜL (F) : Güllerin başı. Mecazen: Güzellerin başı.

SERPİL (T) : İyi büyü, geliş, güzelleş, boy at.

SERTAB (F) : İnatçı, direnen.

SERVA (F) : Söz, masal.

SERVER (F) : Baş, başkan, reis, serdar, seyyid, bir topluluğun ileri geleni.

SERVET (A) : Zenginlik, varlık, mal, mülk, para bakımından zengin olan.

SERVİ (F) : Servigillerden uzun boylu, zarif görünüşlü, küçük yapraklı, kozalaklı bir ağaç cinsi. Yaz, kış yeşil kalıp güzel kokulu olduğu için daha çok mezarlıklarda yetiştirilir.

SERVİNAZ (T) : Dalları yana sarkan selvi ağacı. Selv boylu ve nazlı dilber.

SEVAL (T) : Severek al, sev de öyle al.

SEVDA (F) : Aşk, sevgi, istek, arzu, heves.

SEVDE (A) : Siyahlık, esmerlik, esmer güzeli.
Sahabeden bir hanımın adı.

SEVGİ (T) : Sevme hissi, aşk, muhabbet.

SEVİL (T) : Sevgi gör, seni sevsinler, her zaman sevilen, beğenilen biri ol.

SEVİLAY (T) : Ayyüzlü dilber, seni her zaman sevsinler.

SEVİM (T) : Birine yakınlık duyma, sempati.

SEVİNÇ (T) : Neşe, iç ferahlığı, bir şeye kavuşmaktan ya da müjdeli bir haber almaktan duyulan aşırı hoşnutluk.

SEVTAP (T) : Tapılacak kadar sevgi duyulan.

SEYHAN (A) : Akarsu, çizgili elbise. Ürdün'de Hz. Musa'nın mezarının bulunduğu bir şehir ve Adana Ovasın'dan İskenderun Körfezi'ne dökülen bir nehrin adı.

SEYYİDE (A) : Efendi, bey, ağa, ileri gelen, baş, başkan, emir.

SEZEN (T) : Sezgi gücü kuvvetli olan, anlayışı ve kavrayışı çok iyi olan.

SIDDIKA (A) : Pek doğru, çok doğru sözlü, çok samimi, sözü ile özü bir olan, sözünün eri, hakikatı kabul eden ve teyid eden kişi.

SILA (A) : Ulaşma, varma, kavuşma, uzakta bulunduğu memleketine, vatanına, ailesine kavuşma. Memleket, vatan.

SIRMA (T) : Altın yaldızlı veya yaldızsız ince gümüş tel. Rütbe gösteren sarı şerit, sırmadan yapılmış eşya.

SIRRİYE (A) : Sır tutan, gizliliğe dikkat eden, sırla ilgili olan.

SİBEL (T) : Buğday başağı. Bulutla yer arasında, yere henüz düşmeyen yağmur damlası.

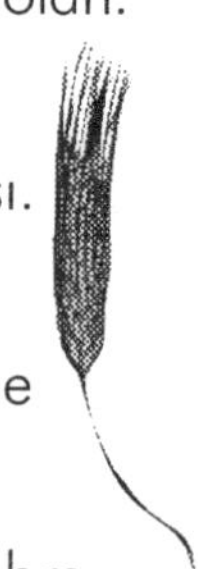

SİDRE (A) : Arabistan kirazı. "Sidre-tül Münteha", arşın sağ yanında bir ağaçtır ki ötesine hiçbir mahluk geçemez.

SİMA (A) : Yüz hatlarının toplu görünüşü; yüz, çehre, beniz. Kişi, şahsiyet, tip.

SİMGE (T) : "Remiz" karşılığı olarak kullanılan kaide dışı uydurma bir kelimedir.

SİNEM (T) : Gönlüm, yüreğim, çok sevdiğim.

SİRYE (A) : Geceleyin gitmek, yürümek. Ömrünü ibadetle geçiren ve Allah (c.c.) aşığı, seçkin bir İslam hanımının adı.

SİTARE (F) : Yıldız.

SONGÜL (T) : Son açan gül. Genellikle son doğduğuna inanılan kız çocuklarına bu isim verilir.

SÖNMEZ (T) : Sönmeyen, yanmaya devam eden.

SUBHİYE (A) : Sabaha mensup, sabahçı, erken kalkan, şafak zamanı uyanık olan.

SUEDA (A) : Allah'ın rızasını alan kişi. Saadetli, kutlu, uğurlu olanlar, saitler. Allah rızasına erenler, mesut olanlar.

SULEHA (A) : Salih, iyi, yarar, salahiyetli, günah işlemeyen.

SULHİYE (A) : Barışla ilgili, barışçı, barışsever.

SULTAN (A) : Padişah, güçlü bir emir veya belirli bir bölgenin müstakil hükümdarı. Kur'an-ı Kerim'de 36 yerde geçmektedir.

SULTANİYE (A) : Sultana mensup, padişahla ilgili.

SUMRU (T) : Güvercin, kumru.

SUNA (T) : Erkek ördek. Görünüşü güzel olduğu için boyu posu çok güzel, endamlı, gösterişli.

SUSEN (F) : Beyaz zambak, sarımsı kırmızı zambak ve mavi zambak.

SUZAN (F) : Yakan, yakıcı, ateşli, sevdalı kişi, güzelliği aşıkları yakan.

SUZİDİL (F) : Gönül yanması, gönül ateşi, aşk. Türk sanat musıkisinde bir makam adı.

SÜHENDAN (F) : Söz bilen, güzel söz söyleyen.

SÜHEYLA (A) : Güney yarım küredeki parlak yıldızlardan biridir. Fazla yüksek olmayan, kolay, uygun, yumuşak anlamına gelir. Sahabenin kullandığı isimlerdendir.

SÜKEYNE (A) : Sessiz. Sakin, ağırbaşlı. Hz. Hüseyin'in (r.a.) kızının adıdır.

SÜLÜN (T) : Tavukgillerden boylu ve erkekleri süslü, uzun kuyruklu bir kuş çeşidinin adıdır. Mecazen uzun boylu, zarif görünüşlü ve yürüyüşlü.

SÜLVANE (A) : Yüreğe ferahlık veren ruh, iç açıcı ilaç.

SÜMBÜL (F) : Zambakgillerden, salkım çiçekli, keskin kokulu, soğanlı, otsu bir bitkinin adı. Mecazen. Güzellerin saçı.

SÜMEYYE (A) : Gökyüzü anlamındaki "sema" kelimesinin küçültülmüşüdür.

SÜNDÜS (A) : Parlak renkli, çiçekli, altın ve gümüş telle işlemeli, nakışlı olarak dokunmuş ipek kumaş. Kur'an-ı Kerim'de bu kelime cennetin çok kıymetli bir elbisesi olarak Kehf Suresi'nde, Duhan Suresinde ve İnsan Suresi'nde geçmektedir.

SÜREYYA (A) : Tavus (boğa) takımyıldızındaki yedi yıldızdan meydana gelen yıldız topluluğuna verilen isimdir. Diğer adı da "Ülker yıldız kümesi"dir. Bu kelime bereketli anlamına gelen "sarva"dan ismi tasgirdir.

SÜRURİYE (A) : Sevinçli, neşeli, sevinçle ilgili.

SÜSEN (F) : Süsengillerden, basit saplı, sıralı yapraklı, kokulu çiçekli, soğanlı çok yıllık bir bitki.

SÜVEYDA (A) : Kalbin ortasında bulunduğu sanılan kara benek. Kalpteki gizli günah. İsim olarak kullanılması uygun değildir.

Ş

ŞADİYE (F, A) : Farsça'da memnunluk, sevinçlik, gönül ferahlığı. Arapça'da; mahkeme hademesi, mübaşir, nağmeyle şiir okuyan, ilimden, edebiyattan hissesi olan.

ŞAFİA (A) : Şefaat eden, kabahatli kimsenin affı için araya girip yalvaran.

ŞAFİYE (A) : Şifa veren, şifa verici, hastayı iyi eden. Kifayet eden, yeter görünen.

ŞAHANE (F) : Hükümdara ait, hükümdarla ilgili. Hükümdara yakışacak şekilde olan, çok mükemmel.

ŞAHBANU (F) : Hükümdar eşi, şah hanımı.

ŞAHGÜL (F) : Gülün şahı, gülün padişahı.

ŞAHİKA (A) : Dağ tepesi, zirve, dağ doruğu.

ŞAHMELEK (F) : Meleklerin şahı, güzellerin kraliçesi.

ŞAHNİSA (F, A) : Kadınların şahı, bayanların kraliçesi.

ŞAHSEVEN (F, T) : Padişahı, kralı seven.

ŞAİKA (A) : Hevesli, istekli, arzulu, şevkli.

ŞAKİRE (A) : Şükreden, gördüğü iyiliğe teşekkür eden, Allah'a şükreden. Kur'an-ı Kerim'de Bakara, Nisa, Nahl, İnsan ve Enbiya Sureleri'nde geçmektedir.

ŞAMİHA (A) : Yüksek, yüce. Kibirli, azametli, kendini büyük gören.

ŞAMİLE (A) : Şümullü, içine alan, kaplayan, çevreleyen, çok yönlü. Her işten anlayan.

ŞAYAN (F) : Yakışır, yaraşır, değer, münasip.

ŞAYESTE (F) : Layık, uygun, münasip.

ŞAZİYE (A) : Kavis, yay. İncik denilen baldır kemiğinin yanındaki ince, uzun kemik. Kadınların ilki olan Havva validemiz, Hz. Adem'ın (a.s.) kaburga kemiğinden yaratıldığı için; "kemik parçası" anlamında kadınlara isim olarak verilir.

ŞEBNEM (F) : Gece nemi, çiğ, rutubet.

ŞEBNUR (A) : Gecenin nuru, gecenin ışığı, aydınlığı.

ŞECAAT (A) : Yiğitlik, korkusuzluk, cesurluk.

ŞEFFA' (A) : Bir kişinin şefaatini kabul eden, yardımı kabullenen. Hanım sahabi adı.

ŞEFİA (A) : Şefaat eden, bir suçun bağışlanması için aracılık eden.

ŞEFİKA (A) : Şefkatli, merhametli, esirgeyen, acıyan.

ŞEHİME (A) : Şehametli, akıllı ve kurnaz yiğit. Korkusuz kahraman.

ŞEHLA (A) : Ela göz, koyu mavi göz. Ela gözlü.

ŞEHNAZ (F) : Çok nazlı. Türk müziğinin en eski mürekkep makamlarından biri.

ŞEKAYİK (A) : Ön Asya ve Akdeniz havalisinde mahalli, kan kırmızısı, Girit lalesi cinsinden gelincik çiçeği, yabani çiçek.

ŞEKER (T) : Bir çok meyve, sap ve köklerin özsuyundan çıkarılan karbon, oksijen ve hidrojenden bileşmiş, beyaz, suda eriyen tatlı maddelere verilen isim. Mecazen: Sevimli, cana yakın, uysal, tatlı ve güzel.

ŞELALE (A) : Büyük bir akarsuyun yüksekten düşmesiyle meydana gelen büyük çağlayan, çavlan.

ŞEMİME (A) : Güzel kokan, güzel kokulu.

ŞEMİNİSA (A) : Kadınların güneşi. Güneş gibi kadın.

ŞEMSİNUR (A) : Güneşin nuru, ışığı.

ŞENAY (T) : Mutlu geçen ay, ailede ilk çocuğun doğduğu ay.

ŞENGÜL (T) : Seyredildiği yahut bakıldığı zaman insanın içini açan gül demektir. Mecazen: Neşeli, genç kadın.

ŞENNUR (F, A) : Neşeli ve nurlu insan.

ŞERİFE (A) : Büyüklük, ululuk, yücelik, yükseklik.

ŞERMİN (F) : Utangaç, sıkılgan.

ŞEYBE (A) : Beyaz saçlı, yaşlı, saçı ağarmış.

ŞEYDA' (F) : Çılgınca aşık, vurgun, aşk yüzünden aklını kaybetmiş, tutkun, divane.

ŞEYMA (A) : Bedeninde ben, alâmet olan. Peygamber Efendimiz'in (a.s.) süt kardeşinin adı.

ŞİFA (A) : İyi olamk, kurtulmak

ŞİRİN (F) : Sevimli, cana yakın, sempatik, tatlı. Ferhat ile Şirin hikâyesinin kadın kahramanının adıdır.

ŞİRVAN (F) : Hazar denizinin batı kıyısında kurulmuş bir ülkenin adı.

ŞİVEKÂR (F) : Şiveli, işveli, cilveli.

ŞULE (A) : Alev, ateş alevi, parıltı.

ŞÜKRAN (A) : Teşekkür etme, minnettarlık, iyilik bilme. Sahabenin kullandığı bir isim.

ŞÜKRİYE (A) : Şükreden, yapılan iyiliğe teşekkür eden, Allah'ın nimetlerine karşı memnunluk gösteren.

ŞÜKÛFE (F) : Aslı "şikufe"dir. Süslemede sırf çiçek motiflerine dayanan bir tarzın adı. Çiçek gibi güzel, hoş, çiçek, zümre.

T

TAFDİL (A) : Birini ötekilerden üstün tutma, tercih.

TAFLAN (T) : Gülgillerden kalın yapraklı, salkım çiçekli, hoş kokulu bir ağaççık türü.

TAHİRE (A) : Temiz, pak anlamındadır. Görünür ve görünmez bütün ayıp ve kirlerden temiz, pak olduğu için Peygamberimiz'e (a.s.) bu isim verilmiştir. Müslümanların çok kullandığı bir isimdir.

TAİBE (A) : Tövbe eden, günahlarına pişman olan demektir. Kur'an-ı Kerim'de Müslümanların sıfatı olarak ve çoğul şeklinde Tevbe Suresi'nin 112. ayetinde geçmektedir.

TALİA (A) : Tulu eden, doğan, meydana çıkan, tali, kısmet, kader.

TALİBE (A) : İsteyen, istekli, öğrenci, talebe, bir şey öğrenmek isteyen.

TANSEL (T) : Sabaha ait, sabahla ilgili.

TANSU (T) : Şafağın aydınlattığı su.

TANYELİ (T) : Sabah rüzgârı, sabah esen rüzgâr.

TAYYİBE (A) : İyi, güzel, hoş, temiz, helal, güzel kokulu.

TAZEGÜL (F) : Genç, taze. Taze ve yeni açan gül.
TEBŞİRE (A) : Müjde verme, müjdeleme ve müjdelenme.
TEKNUR (T, A) : Biricik nur.
TENNUR (T) : Teni nur gibi aydınlık ve berrak olan.
TENZİLE (A) : İndirme, aşağı düşürme, azaltma, çıkarma.
TEŞRİFE (A) : Şereflendirme, şeref verme.
TİJEN (F) : İyi kılıç kullanan.
TUBA (A) : En güzel, en iyi, en temiz, her şeyin en iyisi, en efdali. İyilik, güzellik, baht, müjde. Cennette bulunan ve kökü göklerde, dalları aşağıda olan ağacın ismi. Çok berrak ve saf olan, saaedet, hayır, devlet gibi çok değişik ve güzel. Kur'an-ı Kerim'de Rad Suresi'nin 29. aytinde geçmektedir.
TUĞÇE (T) : Küçük tuğ.
TUHFE (A) : Hediye, armağan, güzel şey.
TÜLAY (T) : İncelikle, düşle ilgili.
TÜLİN (T) : Ayna.
TÜRKAN (T) : "Terken" kelimesinin yanlış olarak söyleniş şeklidir. Padişaha saltanatta ortaklık eden eşi, kraliçe.

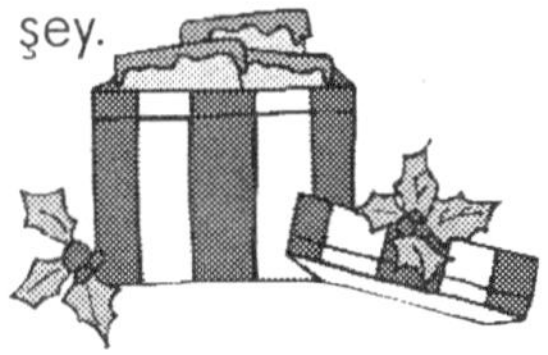

U

UBEYDE (A) : Ubeyd kelimesinin müennesidir. Kulcağız, kölecik.

UFEYRA (A) : Arslan, horoz vb. hayvanların baş tüycüğü. Bakır esmeri rengi, kırmızıyla karışık beyaz renk. Tasavvuf yolunun sultanlarından sayılan muhterem bir hanımın adıdır. (Ufeyra-tül Abide)

ULVİYE (A) : Yüksek, yüce, manevi değere mensup, manevi değeri yüksek olan.

ULYA (A) : Çok yüce, pek yüksek, alâ.

URUÇ (A) : Yukarı çıkma, yükselme, ağma.

UTKU (T) : Bir çok emek ve tehlikelerden sonra ulaşılan mutlu sonuç, zafer.

UZAY (T) : Feza, bütün varlıkların içinde bulunduğu sonsuz boşluk.

Ü

ÜFTADE (F)	: Düşkün, düşmüş, biçare, aşık.
ÜLKER (T)	: Boğa burcunda yedi yıldızdan meydana gelen yıldız kümesi. Süreyya, pervin.
ÜLKÜ (T)	: İdeal, mefkûre, gaye, uğrunda özveride bulunmaktan çekinilmeyen, yüce dilek, örnek, numune.
ÜMAME (A)	: Annelik. Peygamber Efendimiz'in (a.s.) kızları Zeynep'ten olan torunlarının adıdır.
ÜMEYME (A)	: Annecik, küçük anne demektir. Sevgili Peygamberimiz'in (a.s.) halalarının isimleridir.
ÜMİD (F)	: Umut, umulan, beklenen şey, emel, arzu.
ÜMMİYE (A)	: Arapça'da anne veya ümmet kelimesinden bağlılık, mensubiyet vs. bildiren nisbe sıfatı olup "okuma yazma öğrenmemiş, tahsil görmemiş, bilgisiz; bildiklerini ve inanıp söylediklerini yazılı bir kaynaktan alamamış" demek olan bu sıfat Kur'an-ı Kerim'de Peygamber Efendimiz'e (a.s.) de verilmiştir.

ÜMMÜ GÜLSÜM (A) : "Gülsüm'ün annesi" demektir. Peygamber Efendimiz'in (a.s.) ortanca kızlarından olup Zeynep ve Rukiye'den sonra doğmuştur. Kelime olarak gülsüm, yuvarlak ve dolgun yüzlü demektir.

ÜMMÜHAN (A) : Padişahın annesi, hükümdarın annesi anlamındadır. Mecazen; padişah annesi sayılacak değerdeki kadın veya kız.

ÜMRAN (A) : Bayındırlık, medeniyet, refah, konfor, bolluk, bereket, nüfus kalabalıklığı.

ÜNSİYE (A) : Arkadaş, ünsiyet etmiş, alışmış, alışık, girgin, sokulgan.

ÜNZİLE (A) : Gönderilmiş, indirilmiş, inzal olunmuş.

ÜSTADE (F) : Öğretmen, öğrenci. Bugünkü Farsçada üniversite profesörü, ayrıca mesleğinde mahir, imam, kılavuz.

V

VABİLE (A) : İri damlalı yağmur.

VACİDE (A) : İstediğini istediği zaman bulan, vücuda getiren, zengin, varlıklı, fatır, gani.

VAFİYE (A) : Yeter, tam, elverir. Sözünde duran, sözünün eri.

VAHİBE (A) : Hibe eden, bağışlayan, bağışlayıcı, ihsan eden.

VAHİDE (A) : Tek, eşsiz, biricik, bir, eşi benzeri olmayan, hiçbir yaratılmışa eşit olmayan, tek olan. Kur'an-ı Kerim'de bir çok yerde geçmektedir.

VAİZE (A) : Dinî öğütlerde bulunan, ibadet yerlerinde dinin emir ve yasaklarını anlatan konuşmacı. Öğütçü, nasihatçi.

VAKAR (A) : Ağırbaşlılık, haysiyetini koruma, temkin. Sabır. Heybet.

VASFİYE (A) : Vasıflı, nitelikli, özellikli.

VASİFE (A) : Vasfeden, bildiren, öven, metheden.

VECAHET (A) : Güzellik, güzel yüzlülük, gösterişli, itibarlı, haysiyetli, şerefli, onurlu.

VECHİNUR (A) : Nur yüzlü, nur çehreli.

VECİHE (A) : Bir kavmin ulusu, büyüğü, başkanı. Güzel, hoş, latif. Şeref sahibi. Uygun, münasip. Hürmetli insan, makam sahibi.

VEDİA (A) : Emanet, Allah'ın emaneti.

VEDİDE (A) : Dost, ahbab, yaran, sevgili, sevgisi çok olan.

VEFİKA (A) : Uygun, kafa dengi, aynı fikirde, arkadaş.

VEHBİYE (A) : Bağışa mensup, bağışla ilgili, hediye, Allah vergisi.

VELİYE (A) : Allah'a karşı kulluğunda herhangi bir eksiklik ve halel düşünülmeyen kimse.

VELUD (A) : Doğurgan, çok doğuran. Mecazen: Çok eser veren, çok üreten anlamına gelir.

VERDA (A) : Gül. Gül çiçeği.

VESİLE (A) : Bir şeye ulaşmayı mümkün kılan yol, vasıta. Bahane, sebep, fırsat, elverişli vaziyet, kavuşma, yaklaşma. Peygamber Efendimiz'in (a.s.) cennetteki makamı manasına gelir. Kur'an-ı Kerim'de Maide Suresi'nde geçmektedir.

VESİME (A) : Güzel yüzlü. Dengeli.

VİLDAN (A) : Yeni doğmuş çocuklar, kullar, köleler. Kur'an-ı Kerim'de altı yerde geçmektedir.

VUSLAT (A) : Bir şeye ulaşma, yetişme, sevgiliye kavuşma.

Y

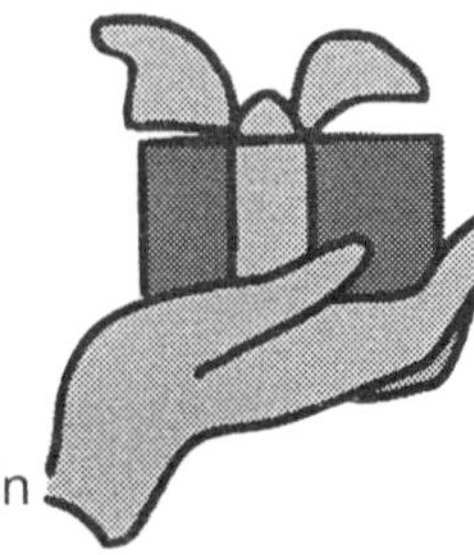

YADİGAR (F) : Yakın bir dosttan gelen armağan, bir kişi veya olayı hatırlatan eşya veya kimse, bergüzar. Allah'ın armağanı.

YAĞMUR (T) : Gökte bulunan su zerreciklerinin birleşip ağırlaşması sonucu düşmesiyle meydana gelen yağış, rahmet. Çok bol ve sürekli olan.

YALAZA (T) : Yalaz, alev, ateş dili.

YAPRAK (T) : Bitkilerde genellikle klorofilli, yeşil renkli; çeşitli şekil ve yapıda olan soluk almaya yarayan uzantı.

YASEMİN (F) : Yaprakları telek damarlı, çiçekleri beyaz, kırmızı ya da sarı renkli ve güzel kokulu bir süs bitkisi. Sapından sigara ağızlığı yapılır. Mecazen: Bu çiçek gibi güzel ve gösterişli kişi.

YAZGÜLÜ (T, F) : Yazın açan gül. Baharın ilk günü doğan kız çocuğuna bu ismin verildiği görülmektedir.

YEGÂNE (F) : Biricik, tek, bir.

YEKTANE (F) : Eşi, benzeri olmayan, tek. Bir çeşit gerdanlık.

YELDA (F) : Uzun, en uzun.

YELİZ (T) : Yel ile iz kelimelerinin birleşmesinden meydana gelmiştir. Güzel, havadar, aydınlık.

YEŞİM (A) : "Yeşim" veya "yeşem" de denilen sert ve kıymetli yeşil taş. Eski Türklerce kutsal sayılırdı.

YETER (T) : Eski Türklerde üst üste doğan (genellikle kız) çocuklara verilen bir isimdi. Böylece bir daha çocuk doğmayacağına inanılırdı.

YILDIZ (T) : Geceleri çıplak gözle ışıklı bir nokta olarak görülen gök cismi, ahter. Bir noktadan çevreye beş veya daha fazla çıkıntısı olan çok köşeli şekil. Mecazen: Baht, talih. Mesleğide çok parlamış kimse. Daha çok sinema sanatçıları için kullanılır.

YONCA (T) : Baklagillerden kırmızı veya mor çiçek açan yem bitkisinin adı.

YURDAŞEN (T) : Yurda neşe getiren, milleti sevindiren.

YÜCEL (T) : Yücelmiş olan, yücelen, namı ve şanı yüksek olan.

YÜKSEL (T) : Yüksek ol, yükseklere çık, başarı kazan, ilerle, makamın ve derecen yükselsin.

YÜMNİYE (A) : Uğurlu, bereketli, işi sağ eliyle tutan, kıyamet gününde kitabını sağ tarafından alacak olan, sağ ehli.

Z

ZAHİDE (A) : Aşırı derecede dindar, dinine bağlı, dinine düşkün, sofi, müttaki, dinin emrettiklerini yapıp yasaklarından kaçan kişi.

ZAKİRE (A) : Zikreden, zikredici, anan, Allah'ı daima zikreden, çok çok dua okuyan. Kur'an-ı Kerim'de Azhap ve Hud Suresi'nde Müslümanların sıfatı olarak geçmektedir.

ZAMBAK (T) : Zambakgillerden, soğanlı, dik saplı, güzel çiçek açan bir süs bitkisi.

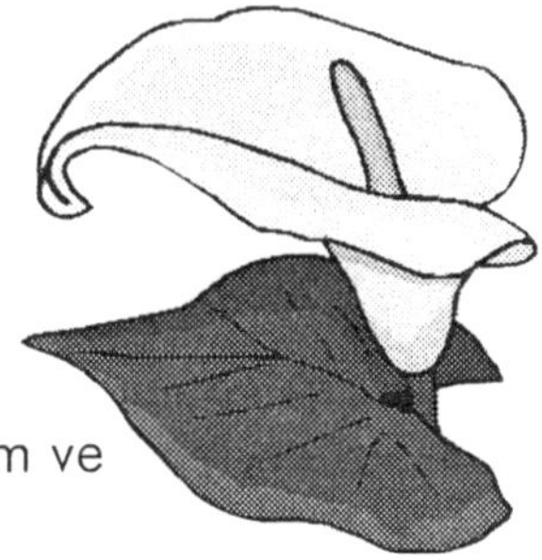

ZARAFET (A) : Zariflik, incelik, naziklik. Davranış, söyleyiş, giyim ve kuşam inciliği.

ZARİFE (A) : Zarafetli, güzel, şık, nazik, ince, ince nükteli, ince nüktelerle konuşan.

ZAYİYE (A) : Kendisi ile ilgili, kendisine ait, kişilik, özlük, özel, zatına mahsus.

ZATİNUR (A) : Aydınlık, nurlu kişi.

ZEHRA (A) : Yüzü pek beyaz ve parlak olan, nurani yüzlü, ay gibi parlak, çok nurlu, saf ve berrak. Sevgili Peygamberimiz'in (a.s.) kızı olan Hz. Fatıma'nın (r.a.) lakabıdır.

ZEHRE (A) : Süs, bezek anlamına gelir. Kur'an'ı Kerim'de Taha Suresi'nin 31. ayetinde geçmektedir.

ZEKAVET (A) : Zeyreklik, çabuk anlayışlı olmak, kavrayışlık.

ZEKİYE (A) : Temiz, halis, günahsız. Kur'an-ı Kerim'de Kehf Suresi'nin 74. ayetinde geçmektedir.

ZELİHA (A) : Aslı "Züleyha"dır. Hızlı yürüyen, yolda emsalini geçen.

ZEMZEM (A) : Kâbe'nin yanında bulunan meşhur kuyu ve bu kuyunun mukaddes suyunun adıdır.

ZENNE (F) : Kadın cinsi, kadın tayfası, kadınlar. Orta oyununda kadın rolünü oynayan erkek oyuncu. Kadın işi, kadın eşyası anlamlarında kullanılır.

ZENNUR (A) : Aslı "zinnur" dur. Nur sahibi, nurlu, ışıklı, parlakî bahtiyar anlamına gelir.

ZERAFET (A) : Kibarlık, incelil, zariflik. Aslı "zarafet"tir.

ZERBANU (F) : Altın kadın, altın gibi kıymetli ve temiz hanım.

ZERENGÜL (F) : Kelimenin aslı "zerringül"dür. Altın gibi gül anlamına gelir.

ZERNİGAR (F) : Altınla işlenmiş, altın yaldızlı Mecazen; Güzel ahlak sahibi.

ZERRİN (F) : Altından yapılmış, altın gibi parlak, sarı, altın gibi kıymetli olan.

ZEYNEB (A) : Değerli taşlar, mücevherler. Zeynep binti Cahş: Peygamberimizin (a.s.)hanımlarından

ZEYNİYE (A) : Süs, bezek.
ZİBA (F) : Süslü, bezekli. Yakışıklı, güzel.
ZİHNİYE (A) : Zihinli, akıllı, düşünceli, kavrayışlı, anlayışlı.
ZİNET (A) : Süs, bezek, ziynet.
ZİNETİ (A) : Ziynete mensup, ziynetle ilgili, süslü anlamına gelir.
ZİNETULLAH (A) : Allah'ın ziyneti, Allah'ın süsü.
ZİNNUR (A) : Nur sahibi, nurlu, ışıklı, parlak, bahtiyar anlamına gelir.
ZİYAFET (A) : Misafir kabul etme. Misafire yedirip içirme, ikram için verilen yemek, yemekle ağırlama, yemekli davet, davet, şölen.
ZİYNET (A) : Süs, bezek.
ZÜBEYDE (A) : En seçkin, öz, hülasa, cevher, tütün kaymağı, taze tereyağı, bir şeyin en önemli ve kıymetli kısmı. Karagöz çiçeği denilen bir çiçek türü. Mustafa Kemal'in annesinin ve halife Harun Reşid'in hanımının adı.
ZÜHAL (A) : Güneşe yakınlık bakımından altıncı sırada olan gezegenin adıdır. Satürn. (Bu gezegen büyük uğursuzluk sayılır. Gam, kaygı verici olduğu kabul edilir. Ahmaklık, cahillik, pintilik, yalan ve fenalık bu yıldızın altında doğanlarda olduğuna batıl bir şekilde inanıldığı görülmektir. Bu inancın dinî açı dan hiçbir kıymeti yoktur.) Kelime olarak sessiz anlamından gelmekte olup uzaklaştırmak anlamını da taşır.

ZÜHDİYE (A) : Zühde mensup, zühd ile alakalı, zühd ve takva sahibi.

ZÜHRE (A) : Çiçek açan. Çoban yıldızı, venüs, Kervankıran yıldızlarının Arapçadaki ismidir. Bu yıldızın ismi Arapça "parlamak, aydınlatmak" kökünden gelmektedir ve bu isim ona fevkalade parlaklığından dolayı verilmiştir.

ZÜLAL (A) : Saf, halis, hafif, soğuk, tatlı, güzel, berrak anlamlarına gelir.

ZÜLEYHA (A) : Hızlı yürüyen, yolda emsalini geçen Hz. Yusuf Peygamber'in hanımının ismidir. "Zeliha" olarak da telaffuz edilmektedir.

ZÜLFİYE (A) : Zülfe mensup, zülfle ilgili, yüzün iki yanında sarkan saç lülesi olan zülflü.

ZÜMRÜT (A) : Yeşil renkte cam parlaklığında bir süs taşının adıdır. Bundan yapılmış eşyaya, çok yeşil renge ve zümrüt yeşiline de bu isim verilir. Mecazen; zümrüt taşı gibi güzel ve değerli kişi demektir.

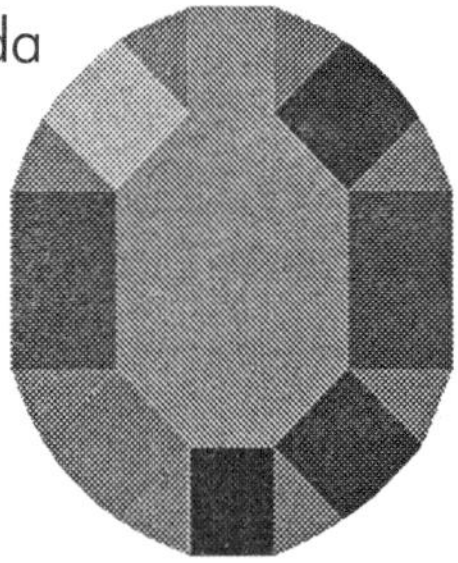

esma'ül hüsna

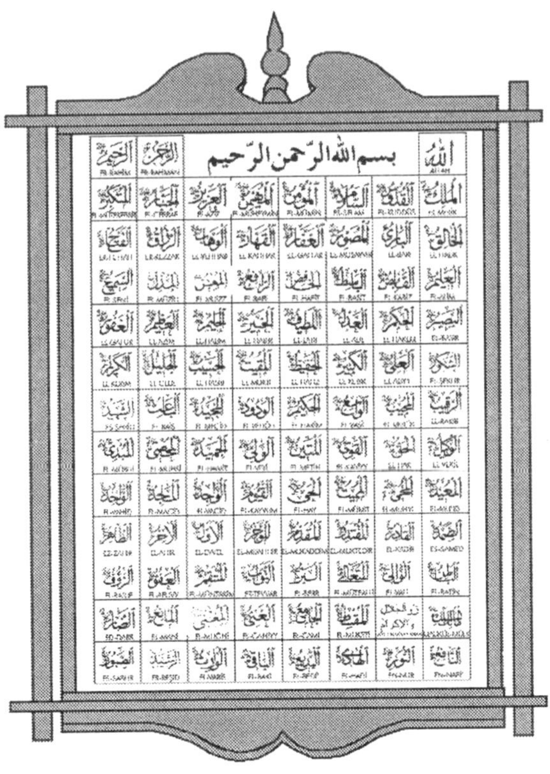

ALLAH	: Tüm isim ve sıfatları kendinde toplayan yüce Allah'ın zatının, başka hiçbir varlığa verilemeyen ismidir.
ER-RAHMAN	: Zatı itibariyle merhametlidir.
ER-RAHİM	: Rahmetiyle mahlukatına merhamet edendir.
EL-MELİK	: Her şeye sahip ve mutasarrıftır.
EL-KUDDÜS	: Her şeyi tertemiz yapan ve kendisi her türlü lekeden münezzeh olandır.
ES-SELAM	: Kusurlardan salim olup, mahlukatına esenlik verendir.
EL-MÜMİN	: Güvenlik verendir.
EL-MÜHEYMİN	: Yaratıkları gözetip kollayandır.
EL-AZİZ	: Her şeye galip ve üstündür.
EL-CEBBAR	: Kulların işlerini düzelten ve iradesine göre onları yönetendir.
EL-MÜTEKEBBİR	: Yegâne azamet sahibidir.
EL-HALİK	: Yaratıcıdır.
EL-BARİ	: Düzgün ve ahenkli yaratandır.
EL-MUSAVVİR	: Eşyaya şekil verendir.
EL-GAFFAR	: Günahları bağışlayandır.
EL-KAHHAR	: Kudretiyle her şeyi emri altında tutandır.
EL-VEHHAB	: Nimet ve bağışları bol olandır.
ER-REZZAK	: Rızık verendir.
EL-FETTAH	: Yarattıkları arasında hüküm veren ve bütün kapıları açandır.
EL-ALİM	: Her şeyi bilendir.
EL-KABİZ	: İhsan ve lütuflarını kabzedendir.
EL-BASİT	: İhsan ve lütuflarını bastedendir.

EL-HAFİD	: Alçaltandır.
ER-RAFİ	: Yükseltendir.
EL-MUİZZ	: Aziz kılandır.
EL-MÜZİLL	: Zelil kılandır.
ES-SEMİ	: Her şeyi işitendir.
EL-BASİR	: Her şeyi görendir.
EL-HAKEM	: Hükmü geçersiz kılınmayan hakimdir.
EL-ADL	: Tam adalet sahibidir.
EL-LATİF	: Lütuf ve ihsanda bulunan, gizli ve ince şeyleri bilendir.
EL-HABİR	: Her şeyden haberdar olandır.
EL-HALİM	: Günahkârlara ceza vermede acele etmeyendir.
EL-AZİM	: Ululuk mertebelerinin en üstünde olandır.
EL-ĞAFUR	: Çok bağışlayandır.
EŞ-ŞEKUR	: Az amele çok sevap verendir.
EL-ALİYY	: Pek yücedir.
EL-KEBİR	: Ululuğu yanında her büyüğün küçüldüğü mutlak büyüktür.
EL-HAFIZ	: Her şeyi koruyandır.
EL-MUKİT	: Rızık verendir.
EL-HASİB	: Muhtaçları müstağni kılandır.
EL-CELİL	: Celal sıfatlarıyla vasıflandırandır.
EL-KERİM	: Ezelen ve ebeden kerem sahibidir.
ER-RAKİB	: Her şeyi gözetleyendir.
EL-MUCİB	: Dua edenin duasını kabul buyurandır.
EL-VASİ'	: Bol bol veren, her şeyi ilmiyle kuşatandır.
EL-HAKİM	: Hikmet sahibidir.

EL-VEDUD	: Sevilen, seven ve mahlûkat arasında sevgi var edendir.
EL-MECİD	: İkramı bol ve şerefli olandır.
EL-BAİS	: Ölüleri diriltendir.
EŞ-ŞEHİD	: Her şeye şahit olandır.
EL-HAK	: İnkarı mümkün olmayandır.
EL-VEKİL	: Her şeye tedbir ve idare eden, hiçbirşeyi korumak ve idare etmek kendisine ağır gelmeyendir.
EL-KAVİYY	: Her şeye gücü yetendir.
EL-METİN	: Kuvvetli olandır.
EL-VELİ	: Emir sahibi ve iyi insanların yani müminlerin dostu (velisi) olup onlara yardım ederek işlerini yönetendir.
EL-HAMİT	: Hamdedilmeye ve övülmeye müstahak olan, karşılık veren ve mahlukatın işlerini tekeffül edendir.
EL-MUHSİ	: Hiçbirşey kudreti ve ilmi dışında. kalmayan ve her şeyi tek tek bilendir.
EL-MÜBDİ'	: Yoktan var edendir.
EL-MU'İD	: Öldükten sonra tekrar diriltendir.
EL-MUHYİ	: Hayat verendir.
EL-MÜMİT	: Öldürendir.
EL-HAYY	: Hayat sahibidir.
EL-KAYYUM	: Bizatihi var olup, başkasına muhtaç olmayan ve her şeyin varlık ve bekası kendisine muhtaç bulunandır.
EL-VACİD	: Dilediği her şeye sahip olandır.
EL-VAHİD	: Zatında birdir ve eşi yoktur.

ES-SAMED	: İhtiyaçtan münezzeh olup, kendisine daima muhtaç olunandır.
EL-KADİR	: Kudret sahibidir.
EL-MUKTEDİR	: Kudretine nihayet olmayandır.
EL-MUKADDİM	: Varlıkları birbiri üzerine takdim edendir.
EL-MUAHHİR	: Varlıkların bir kısmını diğer kısmından sonraya bırakandır.
EL-EVVEL	: Bütün eşyadan önce var olandır.
EL-AHİR	: Her şey helak olduktan sonra baki kalandır.
EZ-ZAHİR	: Sayısız açık delillerle varlığı meydandadır.
EL-BATİN	: Varlığının keyfiyeti gözlerden ve idrakten saklı olandır.
EL-VALİ	: Bütün varlıkların hükümdarı ve mutasarrıfıdır.
EL-MÜTEALİ	: Yüce zatına uygun olmayan her şeyden münezzeh olandır.
EL-BERR	: İhsan sahibidir.
ET-TEVVAB	: Kullarının tevbesini ziyadesiyle kabul edendir.
EL-MÜNTAKİM	: Müstehak olunan miktarda cezalandırandır.
EL-AFUVV	: Günahları bağışlayıp silendir.
ER-RA'UF	: Çok şefkatlidir.
MALİKÜ'L-MÜLK	: Mülkün sahibi, onda dilediği tasarrufu yapan ve onu geçerli kılandır.
ZÜ'L-CELALİ VE'L-İKRAM	: Ululuk ve ikram sahibiir.
EL-MUKSİT	: Zulmü giderip, adaleti icra edendir
EL-CAMİ'	: Kıyamet günü insanları bir araya toplayandır.
EL-ĞANİYY	: Zatında, sıfatlarında ve işlerine hiçbirşeye muhtaç olmayandır.

EL-MACİD	: Kerem ve şerefi büyük olandır.
EL-MUĞNİ	: Hikmet gereği her şeyden ihtiyacı giderendir.
EL-MANİ'	: Önlenmesi gereken şeyleri önleyendir.
ED-DARR	: Zarar veren şeyleri yaratandır.
EN-NAFİ'	: Faydalı şeyleri yaratandır.
EN-NUR	: Alemleri, bütün kâinâtı nurlandıran aydınlatan; istediği simalara, zihinlere ve gönüllere nur, aydınlık ihsan edendir.
EL-HADİ	: Hidayet edendir.
EL-BEDİ'	: Örneksiz ve yoktan icad edendir.
EL-BAKİ	: Baki olandır.
EL-VARİS	: Bütün mahlukat yok olduktan sonra baki kalandır.
ER-REŞİD	: Hidayete erdirendir.
ES-SABUR	: Asi ve günahkârları cezalandırmakta acele etmeyendir.

KUR'AN'DA ZİKREDİLEN PEYGAMBER İSİMLERİ

- ❑ ADEM (a.s.)
- ❑ İDRİS (a.s.)
- ❑ NUH (a.s.)
- ❑ HUD (a.s.)
- ❑ SALİH (a.s.)
- ❑ İBRAHİM (a.s.)
- ❑ LUT (a.s.)
- ❑ İSMAİL (a.s.)
- ❑ İSHAK (a.s.)
- ❑ YAKUB (a.s.)
- ❑ YUSUF (a.s.)
- ❑ ŞUAYB (a.s.)
- ❑ EYYUB (a.s.)
- ❑ MUSA (a.s.)
- ❑ HARUN (a.s.)
- ❑ DAVUT (a.s.)
- ❑ SÜLEYMAN (a.s.)
- ❑ İLYAS (a.s.)
- ❑ ELYESA (a.s.)
- ❑ YUNUS (a.s.)
- ❑ ZÜLKİFL (a.s.)
- ❑ ZEKERİYYA (a.s.)
- ❑ YAHYA (a.s.)
- ❑ İSA (a.s.)
- ❑ ÜZEYİR (a.s.)
- ❑ LOKMAN (a.s.)
- ❑ ZÜLKARNEYN (a.s.)

CENNETLE MÜJDELENEN ON SAHABİ "AŞERE-İ MÜBEŞŞERE"

Peygamber Efendimiz'e yakınlıkları, İslam' a büyük hizmetleri ve insani faziletleri dolayısıyla, daha hayatta iken cennetle müjdelenen on kişiye ***"Aşere-i Mübeşşere"*** denir. İsimlerinin de güzelliği bakımından bu on sahabi şunlardır:

- HZ. EBUBEKİR (r.a.)
- HZ. ÖMER (r.a.)
- HZ. OSMAN (r.a.)
- HZ. ALİ (r.a.)
- HZ. ABDURRAHMAN (r.a.)
- HZ. SA'D (r.a.)
- HZ. ZÜBEYR (r.a.)
- HZ. TALHA (r.a.)
- HZ. UBEYDE (r.a.)
- HZ. SAİD (r.a.)

EZVAC-I TAHİRAT (PEYGAMBER EFENDİMİZ'İN (S.A.V) ZEVCELERİ)

Peygamber Efendimiz'in hanımlarına **Ezvac-ı Tahirat** denir. Hz. Muhammed'in (s.a.v.) ilk eşi Bütün mü'minlerin anaları olan Hz. Hatice'nin (r.a.) vefatından bir yıl sonra, Hz. Ebubekir' in kızı Hz. Ayşe (r.a.) ile evlendi. Diğer eşlerinin hepsi ise duldur. Dini, siyasi, merhamet ve ihsan sebebiyle vücud bulan evlilikler mutlaka bir hikmete dayanmaktadır. Peygamber Efendimiz'in eşlerinin her biri bir tebliğci, cihadı yaşayan birer örnek insandı. Nikah sayısı ondörttür:

- HZ. HATİCE (r.a.)
- HZ. AYŞE (r.a.)
- HZ. SEVDE (r.a.)
- HZ. HAFSA (r.a.)
- HZ. NEYNEB (r.a.)
- HZ. SELEME (r.a.)
- HZ. ZEYNEB (r.a.)
- HZ. CÜVEYRİYE (r.a.)
- HZ. REMLE (r.a.)
- HZ. SAFİYYE (r.a.)
- HZ. MEYMUNE (r.a.)
- HZ. RAYHANE (r.a.)
- HZ. MARİYE (r.a.)
- HZ. ESMA (r.a.)

Peygamber Efendimiz'in (s.a.v) eşlerinden **Yedi** tane evladı dünyaya gelmiş, erkek evlatları yaşamamıştır. Evlatlarının isimleri şöyledir:

- EBU KASIM (r.a.)
- ZEYNEP (r.a.)
- RUKİYE (r.a.)
- ÜMMÜGÜLSÜM (r.a.)
- ABDULLAH (r.a.)
- FATIMATÜZZEHRA (r.a.)
- İBRAHİM (r.a.)

DÖRT BÜYÜK HALİFE

- HZ. EBUBEKİR (r.a.)
- HZ. ÖMER (r.a.)
- HZ. OSMAN (r.a.)
- HZ. ALİ (r.a.)

DÖRT BÜYÜK MEZHEP İMAMI

- İMAM-I ÂZAM, EBÛ HANÎFE (r.a.)
- İMAM ŞAFIÎ (r.a.)
- İMAM MALIK (r.a.)
- İMAM AHMED B. HANBEL (r.a.)

PEYGAMBERİMİZ'İN YASAKLADIĞI BEŞ İSİM

- EFLAH : Kurtuluş.
- NAFİ : Yararlı olan, fayda.
- REBAH : Kazanç, kar.
- YESAR : Kolaylık ifade eden.
- NECİH : Dileğine kavuşan.

KAYNAKÇA

Eğilmez, Arş. Yazar Ahmet- Büyükpınarbaşılı, Uz. Dr. Yusuf; *A'dan Z'ye Çocuk İsimleri ve Çocuk Hastalıkları*, Erhan Yayınları, İstanbul, 1998.

Kaya, Hüsamettin; *Çocuk İsimleri Ansiklopedisi*, Gonca Yayınevi, İstanbul.

Okumuş, Fatih; *Çocuk İsimleri Ansiklopedisi-Adım Güzel Olsun*, Timaş Yayınevi.

Toker , Yalçın; *A'dan Z'ye Ansiklopedik Çocuk İsimleri*, Huzur Yayınevi, İstanbul, 2002.

Yeğin, Abdullah- Badıllı, Abdulkadir - Hekimoğlu İsmail- Çalım, İlham; *Osmanlıca-Türkçe Ansiklopedik Büyük Lugat*, Türdav, İstanbul, 1985.

Yardımcı, İlhan; *Açıklamalı Ansiklopedik İsimler Sözlüğü*, Milli Gazete.

İÇİNDEKİLER

KIZ İSİMLERİ

İletişim İçin

BİLGE YAYINCILIK, EĞİTİM HİZMETLERİ ve TİCARET A.Ş.
Yılanlı Ayazma Sokak No: 8 Örme İş Merkezi Kat: 1
(Kale İş Merkezi Karşısı) 34010 Davutpaşa-Zeytinburnu/İstanbul
Tel: 0212 483 15 16 (Pbx) Fax: 483 30 55
http://www.bilgeyayinlari.com
e-mail: bilge@bilgeyayinlari.com

BİLGE